我以我血荐轩辕

——西南联大爱国运动纪

民国书刊上的西南联大记忆

龙美光◎编

云南出版集团
云南人民出版社

图书在版编目（CIP）数据

我以我血荐轩辕：西南联大爱国运动纪 / 龙美光编
. -- 昆明：云南人民出版社，2018.12
（民国书刊上的西南联大记忆）
ISBN 978-7-222-17700-0

Ⅰ. ①我… Ⅱ. ①龙… Ⅲ. ①西南联合大学－校史
Ⅳ. ① G649.287.41

中国版本图书馆 CIP 数据核字 (2018) 第 266334 号

出 版 人　赵石定
责任编辑　王　韬
装帧设计　马　滨
责任校对　王以富
责任印制　李寒东

我以我血荐轩辕——西南联大爱国运动纪
龙美光　编

出　版　云南出版集团　云南人民出版社
发　行　云南人民出版社
社　址　昆明市环城西路609号
邮　编　650034
网　址　www.ynpph.com.cn
E-mail　ynrms@sina.com
开　本　889mm×1194mm　1/32
印　张　7.375
字　数　190千
版　次　2018年12月第1版第1次印刷
印　刷　昆明瑆煋印务有限公司
书　号　ISBN 978-7-222-17700-0
定　价　46.00元

云南人民出版社公众微信号

如需购买图书、反馈意见，请与我社联系
总编室：0871-64109126　发行部：0871-64108507
审校部：0871-64164626　印制部：0871-64191534

编者絮语

龙美光

编完“民国书刊上的西南联大记忆”文丛，长长地舒了一口气。这是十五六年来我搜集西南联大文献资料的阶段性成果。

“北清南合，联大花开。”在中华民族八年全民抗战的征途中，联大已成为文化抗战的璀璨星辰。土坯墙的茅草屋内和铁皮顶下，联大人精研学术，读书救国，空前绝后的艰苦环境并未磨灭他们的心志，反而使他们越发奋起，并加速了各项伟大成就的开创。他们说：“只要读书救国好，哪妨菜坏吃不了？”在抗战号角声中，她的诞生与成长，就是如火如荼的全民抗战伟业的生动反映。

美国学者易社强指出，联大的遗产是属于中国的，也是属于全人类的。近年来，美国、日本等国均相继出版了研究专著。在国内，联大也越来越被各界所认同所钦慕，各类文著层出不穷。

不过，需要正视的是，联大的研究更有赖于文献资料的支撑。自联大于长沙肇始以降，已出版的联大时期文献仅有1939年出版的《西南三千五百里》（日记集）、1946年出版的《西南采风录》（歌谣集）、1946年出版的《联大八年》（征文集）、1998年出版的《国立西南联合大学史料》六卷本（档案集），以及2018年出版的《郑天挺西南联大日记》（日记集）等，其他已问世的多为数十年后的回忆与研究。上列诸书，仅有印制恶劣的《联大八年》是联大时期回忆文集，我十几年前得到该书时，就急切地想要为其编一套姊妹书，收录其时在书、报、刊发表过而后未曾在联大专书中露面的一些文字，使人们更深层次地了解联大。随着资料搜集进程的推进，这一梦想如今终于变为现实。

这套文丛中的文字，都是在抗战艰苦异常的环境下联大师生和社会各界人士的真实见闻和真情感知。文丛的近400篇文章，全部采自民国时期付印的数百种书、报、刊，作者群星灿烂，角度各异，内容繁杂，涉及面广，最大限度地忠实保存了联大本真状态，将使所有关注、热爱联大的读者对联大的研究和认识更深入透彻，有助于人们走近走进、研究探讨和学习实践联大文化，更好地弘扬中华优秀传统文化，继承中华文化精髓。

较《联大八年》而言，本文丛收录的文章时间跨度更大，涉及面更广，视角更全面，现场感更强，可读性更佳。文丛体裁多样，以回忆录、信件、日记、评论、报告文学、新闻通讯、诗词等，从不同侧面、不同角度彰显揭示了联大的办学历程和办学精神。编者将这些生动反映联大的文字，依其内容，大略别为九册。其中：

——抗战烽火，学府西迁。《八千里路云和月——长沙临时大学播迁记》载录了全面抗战爆发后，长沙临时大学建校的历程，及其后长沙临大辗转迁徙昆明改称西南联大的历史记忆，翻启联大不可磨灭的史册开篇。

——笳吹不绝，弦歌不辍。《笳吹弦诵在山城——西南联大学术风景线》呈现了联大身处边城，在艰难困苦中坚持学术，弘扬文化，形成联大学府异常活跃的学术风景线。

——爱国阵地，青运先锋。《我以我血荐轩辕——西南联大爱国运动纪》透过团体活动看联大，从不同侧面展示联大的壁报、社团等活动，是联大爱国运动的缩影。

——九州遍洒，黎元热血。《一寸山河一寸血——西南联大抗战救亡曲》反映了联大师生在烽火警报声中，心系家国存亡，积极投身抗日洪流，以投笔从戎等多种形式，谱写的慷慨激昂可歌可泣的抗战救亡曲。

——身处西南，动心忍性。《布东考古布西算——西南联大师生众生相》再现了联大师生克服居无定所、物价暴涨、空袭频仍等穷窘考验，直面生活，致力学术的不屈不挠精神。

——绝徼移栽，问学树人。《绝徼移栽桢干质——西南联大问学拉杂谭》实录了联大作为我国最高学府的联合体，移驻云岭，以学术救国的时代担当，顶天立地，攻坚克难，成为社会文化引领者的风貌。

——导扬文化，壮怀难折。《南渡流难寄山河——西南联大服务边疆志》记叙了联大师生立足云南，脚踏红土，心系山河，深入西部进行社会、人文、自然考察，投身边疆开发的情形。

——中兴大业，更须人杰。《五色交辉聚人杰——西南联大人物风采录》彰显了联大以“大学者，有大师之谓”的恢宏气魄，展现了一代名流巨擘的英才风采谱。

——斯文一脉，如山如海。《刚毅坚卓未央歌——西南联大精神漫笔集》颂赞了联大以三校“不同之历史，各异之学风，八年之久，合作无间，同无妨异，异不害同，五色交辉，相得益彰”的办学气质所铸就“刚毅坚卓”的风骨。

以上九册，虽各有侧重，然而又相互联结渗透，相互渲染补遗，美美相成。无疑，这是一部雄浑壮丽的西南联大纸上纪录片。

为使读者更真切地进入当年的语言环境和文化环境，除了对明显的错讹进行修订外，编者尽可能尊重原文风貌，一律不作改动。例如“那”（哪）、“底”（的）、“化”（花）之类民国时期遣词用字，以至其标点符号，便一仍其旧。

囿于时代局限，有些文章存在对少数民族的蔑称（如“夷人”“罗罗”“倮倮”“苗子”等），以及对少数民族风俗习惯的误读讹传（如知识落后、手段野蛮等），但这也是当时社会历史的真实写照，为了有助于民族史社会史研究者，多未作更动。文丛也容纳对联大的各种批评甚而误解，这些不同的声音，恰恰反映了联大包容万象的一面。

有人说抗战时期最有效率的两个机构，一是西南联大，一是速记学校。而这套文丛的编辑却历经七年才告完成，相较联大真是效率颇低，甚感惭愧。文丛编辑之初我新婚的妻子刘仁芳参与录入大量文字，时小儿龙景湘正于母腹中孕育，如今孩子已在迈向小学新生的路上，九本小书才呱呱坠地。文丛编竣付梓，似乎自己也置身联大之中，与师生们一起在警报声中抢时间、抢洗脸水、抢饭菜、抢书籍、抢座位、抢听讲演、抢出壁报、抢泡茶馆，与他们一起创造无与伦比的西南联大故事。

文丛的编辑出版，得到了云南师范大学和云南人民出版社的鼎力支持。成书过程中，西南联大研究专家，有关方面的师友、同事、学生，以及云南大学秦树才教授团队助力编校工作，使得此书能够顺利付梓。谨此一并致谢！

文丛自2011年启动编辑工作起，即通过微博等多种方式查找书中作者的联系方式，但至今为止，有关的信息反馈寥寥。在此特别拜托文丛的有关作者及其亲属与编者联系。

当然，有关西南联大的战时文字不止这九册的规模。不算西南联大师生在战时撰写的著作、文论、报告等等，单就讲述西南联大故事的文字而言，笔者手中尚有十数万字未及整理，其后或有增补或续编，敬请读者诸君期待。由于编者水平所限，加之许多民国文献印刷模糊难辨，缺点错误在所难免，祈望学界同仁和广大读者不吝赐教！

二〇一二年七月，写于昆北盘龙江畔
二〇一六年六月，改于西南联大旧址
二〇一八年十一月，定稿于云南师大呈贡校区

目　录

// “九一八”在联大

林 元

一、朝 会

太阳刚正爬出在地平线上，鸟儿还在树林里起劲地喳喳叫鸣；住在昆中南院，工业学校，昆华师范的联大同学，便像河堤决了似的汹涌地向昆中北院的草场冲进了。

瞬间，一块在暑期内荒芜起来的草场，便满载着流浪者的兴奋的心跳。

当歌唱过后，“打……”然一声军号奏起了。随着军号升起的是一枝被千多颗诚敬底眼睛所盯着的我们的国旗。然而，今天的国旗，升到了旗杆的顶点，又惭愧地降落约半尺了。

呵，这又使人萌生了何等的哀悲！——八年前的今日（九一八）竟烙下了一个永活在人心里的下半旗的国耻。

经过，梅常委的演说，最后是歌咏的节目了。

“那年，那月，

才能够回到我那可爱的故乡？！……”当悲愤的歌声停在这句时，一位东北同学，接受着过量的刺激，突然晕倒了。

会场上起了一片小小的骚动。

接着，便又发出了更悲愤更壮厉的歌声。

二、募　捐

朝会还未闭会，昆中北院，南院，工业学校总办事处的进出口，都已经搁着了两张长方桌。桌上零乱地摆着些义卖的书报和一个贴着封皮的募捐箱。

最令人惊心动魄的，便是方桌旁边的那两条联大群社的标语——“寒风剪剪，前方将士需要征衫。”“朋友，你出了力么？朋友，你出钱了么？”

一阵绵长的歌声经过后，朝会是闭幕了。跟着，北院的门口，便拥挤着无数的人群和发出各种兴奋的声音。——

“朋友，天快冷了，前方战士需要寒衣，多捐点啦。”

“要得！阿炳老哥捐了五元！”

“密司刘也捐了五元！”

“老吴，你捐了没有，咱们走啦。”

“好，请你等一等待我捐，再一块走吧。”

“校工廖德标也捐了一块！”

“老王，现在最多是五元，希望您老哥打破这个纪录。”

"好，老王捐十五元，好好好！！"全场发出一个剧烈的鼓掌声。

"好，× 先生够热心！"

"我题捐了，等一会拿钱来，行么？"

"当然行啦！ × 教官。"

"××× 捐了五元钱，又捐棉长袍一件！"

"好好好！"

"已经金榜题名本年统一考试的 ××× 君，现征求得 ×××、××× 君之同意，愿将立约请客之十五元国币捐给前方将士制寒衣。"一个同学站在长凳上高声宣布。接着，便又发生了一阵剧烈的掌声。

经过了半个钟头的兴奋的波动后，北院的门口才渐渐地比较平静下来。可是，触着这一群人流又冲到昆中南院、工业学校的门口了。

三、义　卖

"朝报，朝报，《云南日报》！"

每个市民都投出了惊奇的目光。今天街上突然增加了一群群的穿黄制服，拿白旗子的报贩子了。这些报贩子好像一群黄色的蜜蜂，飞到了街尾，又飞到了街头。有时受到人们的欢迎，有时受到人们的冷眼与陌生。

"先生，天快冷了，请买份报纸，多捐些钱给前方将士制棉衣。”老陈像猎犬发现野兔似的一个包抄把迎面而来的那位挟公事包的公务员截住，很诚恳地端起一叠《云南日报》说。

“我是 ×× 部委员。”说着便把食指向胸前那枚像大铜板似的证章一指：显然是带点怒容了。

“嘻嘻，先生是委员，那更好了。因为先生是居领导地位，我相信爱国的情绪比任何人都高。”老陈滑嘴滑舌带点讥刺的态度说。

委员的那两块满生着疙瘩的脸颊上马上涨红起来了。他狠狠地在签名簿上划上一个名字，然后很勉强地掏出了一张五角钱的纸币给拿着册子的我，便飞也似的走了。

“哈哈。”老陈对我笑了一笑，表示胜利似的。

“老陈，前面来了个华侨机工，咱们跑上去吧。”我说着跟老陈一溜烟便跑上去了。

“我刚正买过一份报纸。”当我跟老陈还喘着气未开口时，那个华侨机工便由衣袋里掏出了张一块钱的纸票说。“不过，我还有一块钱，现在捐给你们啦。”说着给了我们一块钱，连报纸也不拿便走了。

“先生，拿份报纸，签个名吧。”我追着上说。

“报纸我看过了，不用拿。我的名叫陈光，请你们把它写上便得了。”他说着还带点感谢的神气。

“喂，毕竟是华侨热心！”老陈把手上的报纸一拍说。

最后，我跟老陈跑到了一间住家义卖。

“小姐，咱们联大为了纪念‘九一八’，今天举行义卖，响应募捐寒衣运动。请小姐热心义买份报纸吧！”

当老陈说明了来意后，那个在门口逗着小孩子玩的约二十左右的小姐，便很诚意地一挥笔在册上写了“×××捐国币五角”几个字。

“我马上便拿出钱来，请先生们等一等。”她说着便拿了份报纸朝屋里进去了。

忽然，屋里走出了一个穿西装的青年，看去有点像刚才底小姐的哥哥。我们刚想开口向他劝捐时，他已先说话了。

“你们的捐册呢？”

“先生，捐册在这里！”我兴奋极了，很恭敬地端着捐册近他的跟前说。

他把册子翻了一翻。然后一笔涂开了刚才那个小姐的名字。还带点怒容说：

“她还是个孩子，那里有钱捐。请你们走出去吧！”说着把屁股一扭便大踏着步朝屋里去了。

“先生，先生，那末请你先生捐点吧！”老陈跑了两步追上说。可是，他恰像没听见似的。

“喂！那末我的报纸呢！”我确有点忍不住了。

“回头着她拿出给你！”他带点不屑的神态答。

一会儿，刚才的那位小姐拿着报纸出来了。她惭愧得几乎想哭了起来。

“先生，很对不，……”

“不，那没关系。咱们绝对同情你！”老陈很感激地说。

凉血的中国人毕竟是占少数。咱们的那叠报纸，只有半个钟头便又卖光了。成绩还出乎意料地好呢。

四、宣　传

愉快地吃了纪念“九一八”的素食后，一组组的宣传队又整装预备出发了。

使我们兴奋得流泪的，要算是在那间第四等的茶社宣传的那幕了。

当老陈演讲到他怎样在沦陷区内逃出来，怎样在沦陷区内见着敌人奸淫劫掠咱们的同胞时，一个穿蓝色龙袍的老头子，把站在前面的孩子一拉，很感动地走近我喝茶的那张桌低声问道：

“先生，你们要捐钱的吗？”

这一问，确使我们太兴奋了。本来，我们的工作预算是光宣传的。然而，为了他的热诚，我们便临时拿了一张纸宣布说：

“老伯们，现在秋风起了，天快凉了。假如你们是热心的话，那末，请在这张纸上签个名捐点钱给前方的。”

我们的话还没说完，那个老头子便从第三层衣袋里拿出了一张还发热的十块钱的新滇币。

“先生，我捐十块新滇币。”

接着，在座的听众便一个个地离开了茶壶，三毫两毫的从衣袋里掏出来了。

这时，我偷偷地瞧了下还在演讲着的老陈。他那种兴奋的劲儿，几乎使我失声笑了起来。

最后，当我们工作完毕支付茶钱时，拿着枝旱烟筒的茶社老板说：

“先生，我没有钱捐，现在就捐你们喝的几盅茶钱吧。”

于是，我们问了他的姓名，把我们喝的那四毫五分茶钱给他登记好了。

“唔，咱们有这么好的老百姓，谁说中国会亡呢！”这是我们出了茶社的结论。

选自《南方（半月刊）》一九三九年十月五日第二卷第十二期

// 昆明学生青年之活跃

高　山

在昆明的高等学府中，甚至在全国的高等学府中，从北方来的由北大、清华、南开三校联合而成的国立西南联合大学规模那么大，教授又都是国内第一流的教授，学生有三千之众，再加上三校固有研究的空气，在国内自然要算首屈一指。就联大自身说，虽然在学籍上“P”“T”“N”各字号（代表北大、清华、南开）的人数及不上“联”字号（即联大成立以后的新生）那么多，在籍贯上，北方各省份也及不上广东、江苏、湖南几省那么多，然而还是北方学生的势力最大，全校都是以北方同学为领导的。

这些从北方来的青年，过去在北方，在强邻的暴力的直接威胁之下，曾经以血泪开放出美丽的民族的花朵，维系着北方军民的士气和民心，“一二·九”“一二·一六”的热情豪气，是不下于“五四”时代，然而随着学校转徙到云南来之后的表现怎样呢？事情的奇怪往往出人意外，这些北方青年大部份都消沉下去了。社会上对于他们的烦言很多，有人把联大的学生分成三种：上焉者，埋头伏案，孜孜兀兀，除了关心警报和物价以外甚么事都不管；中焉者，泡茶馆、打扑克，看电影，陪爱人，想尽各种方法，以遣此苦闷人生；下焉者，酒色财（作投机生意，如买卖外汇之类）气（如打架相骂）无所不为。云南边疆问题专家陈碧笙曾为昆明大学生的腐化颓废，消沉而叹息不已。去年白主任到昆明时，也曾公开演说痛责青年的消沉，就是联大学生自己，在今年纪念“五四”的壁报上，也坦白地承认这现象：

“……连报纸也不顾再看了，都从心理的承认那‘落伍的到后方来’的名言……连纪念‘五四’的大会似乎也应该要预备茶点的……”

为什么这些流亡异乡的北方青年抛弃了他们当日的热情？一部份原因是：学生中的积极份子离开了课堂到前方工作，使大部份惰性很强的同学，失却了领导，又因为离开前线太过遥远，地方环境太过沉闷与恶劣，学校功课的压迫又太过沉重。这些大学生们，除了腐化与消沉之外，也就不可能有别的了。

然而这种种情形，到了今年就开始发生很大的变动了，在联大学生中，从上年开始，在学生会同学会级会等以外的集会结社的风气很盛行，一部份积极的份子，渐渐活跃起来了。每一个会社各有各的壁报，这些壁报慢慢从校内功课和同学生活的小圈子发展到抗战问题上去了。因为各“家”的思想言论各有不同，常常引起争论，低落了很久的政治警觉性渐渐提高了，到今年联大的三民主义青年团直属支团开始活动之后，更起了显著的变化，好像是壁垒更加分明了。

许多人都积极起来了，尽管这里包含着多少的纷歧和不平衡，这终究还是一个可喜的大大的进步。

联大学生自治会今年早就积极筹备，并决定纪念办法：要求学校在“五四”放假一天，召开全校纪念大会和同乐会，通电慰问前线将士，通电讨汪，出版“五四”纪念特刊和壁报，举行各种运动竞赛，各饭堂加菜一日，参加青年团支团部主办的青年劳军献金运动，论文和演讲比赛，火炬大游行，还号召全市大中学生举行了一个青年座淡会。

记者在“五四”和前后几天到联大去作了一番巡礼，和联大各方面的同学都有接谈过。凡是注意西南联大的人，一定会注意到它的“壁报文化”。从前在北方的时候，有的都是一些学术气味很浓厚的铅印册子；来到昆明以后，因为出版条件不方便，壁报之风，大为盛行，只要几毛钱的纸张笔墨，化一点功夫，居然就可以出版，因为在壁报上无所不谈，最能反映同学间思想生活的动态。发扬了北大的自由研究的风气和创造了西南联大的民主的精神，使联大学生派别虽多而始终不曾闹出乱子。虽然最近学校当局因为学生间“言论纷歧”为“集中意志”起见，所有校内壁报的出版，都需经过登记和检查，然而这并没有妨碍它的发展。而这种“壁报文化”是西南联大所独有的。

全联大各学院有着近三十种的壁报，平均每一百人有一种，这近三十种壁报中，自然以群社的“群声”和“课外阅读”、青年团直属支团部的“青年壁报”最有势力，第三者则可以文法学院一部份老同学办的“腊月”为代表。“五四”青年节到了，大家争着出纪念专号特辑，联大北院和新校舍的墙壁上琳琅满目，自然是一番热闹。在所有的纪念诗文中，一般的都憧憬着“五四”时代的热烈蓬勃的精神而叹息于今日的消沉景象。青年团直属支团部的《青年壁报》，这一期全是剪辑剪下各报纸杂志上的天下事，《论著》栏是三篇论文，陈诚部长的《领导青年的正路》，从《抗战与文化》剪下来的叶青的一篇《三民主义与社会主义》和尹耕角的一篇《民主道德与民主精神》。群社的“群声”和“课外阅读”扩充篇幅充实内容，合并出了一个“北院版”和一个“新舍版”，在该社同人集体写作的“五月四日”是有一段很沉痛的话：

“……青年运动给‘党派’‘磨擦’遮掩得没了缝……对照着前方青年干部热切携手和沦陷方工作者在敌探网下的喘息，后方还有人进行着职业化的磨擦……”

此外还坦白的毫不容情的暴露了同学中间的腐化生活，“好在五四的今天作一个清算，从今天起结束了它”。这都是非常有意义的。

在座谈会上首先有人提出要求更多的民主和更大的自由：

“我们且不管各人的主张怎么样，然而大家总得尊重别人的自由和民主，拿联大来说，壁报常常被人撕掉……如果全个中国都好像西南联大这样，恐怕中国早就已经亡掉了！”

不久之后，双方的争论又起来，会场的东北角上，一位东北学生，用着他那沉重而带点沙哑的东北口音，激动的说：“我是一个东北同胞，你们要分家，就等抗战完了再分家，我也不管，但是我们的东北一定不能放弃……可是就在我们西南联大里，竟然有一位教授在太平洋学会上公开说我们只要能够保全长城以南便可以讲和，东北可以不要，请问这……他凭什么可以不要东北，不要东北三千万同胞……这种丧心病狂的人简直是无耻，混蛋，汉奸……！”

这是一个表示，对于某些人的企图遗弃东北向敌人妥协投降，是一个当头捧，但是，争论仍然起来。

一位华侨同学用着他那极其生硬的广东国语，在颤动地发言。他说明敌人对我们现在已着重在政治的进攻，企图用挑拨离间的毒计来分化我们，他又说到我们沦陷区里的同胞们在敌人的屠杀迫害之下过着如何悲凄的生活，难道我们今天还在这里，作意气之争吗？因此他大声疾呼的呼吁我们青年间的精诚团结。

选自《救亡日报》一九四〇年六月二日

// 昆明八大学术团体追悼泰戈尔先生纪

寿

泰戈尔说过：“现在我们最要紧的，是大家联络起来，互相友爱；要知道我们大家都是兄弟。”这话是二十年前冯芝生氏在美国念书访问泰戈尔氏作别时，他殷殷叮嘱的话。二十年后的昆明，在学术团体联合纪念这位诗豪逝世的会场上，当冯氏转述这句话时，我们犹感到偌大的温暖与挚念。

泰戈尔先生是本年八月七日逝世的，“大星嗟遽陨”，单就抗战说，我们就损失了一位最可宝爱的伟大的同情者。国内若干学术团体早有开会哀悼的意思，几经筹商，终于在先生逝世百余日后的十一月二十九日，在昆明云南大学的泽清堂中，举行了中国学术界人士对这位诗豪的逝世表示哀思的典礼。

这是八个学术团体联合发起的一个哀悼会，它们的名称是中央研究院、北平研究院、中国哲学会、中印学会、西南联合大学、中央大学、云南大学和中央文化运动委员会。地点假云南大学的泽清堂，相当宽大。礼堂布置很肃穆，党国旗交映之下高悬着泰戈尔先生的遗像，左右交映着各文化机关致送的挽联和横额。现在抄录如下：

——国立北平研究院同人公挽："斗山重望，无间越秦，伟抱自空群，仙露明珠频传影；烽燧交驰，已遍欧亚，大星嗟遽陨，金戈铁马黯归魂。"

——国立北京大学敬挽："教衍三马支，福音广被梵华外；诗传飞鸟集，遗韵常留天地间。"

——国立西南联合大学敬挽："启明匿曜。"

——国立清华大学同人敬挽："大雅云亡，缅怀诗哲；恒河不息，有感斯文。"

——中国哲学会敬挽："江汉以濯，秋阳以曝；泰山其颓，哲人其萎。"

——中法大学敬挽："浩气长存。"

单看这些，泰戈尔氏之为怎样一个人格，也不难了然了。

伟大的人格

三点半钟肃立开会，参与的都是文化界教育界的人物，诸如蒋梦麟、梅贻琦、熊庆来、冯友兰、沈有鼎、罗常培、郑天挺、贺麟……与及联大、云大两校若干的同学。蒋梦麟主席报告泰戈尔人格的伟大，他说泰戈尔来华时，中国思想界若干人士的思想正发展到某种疯狂的程度，他们反对他，尽可能给他最大难堪，诸如组织“驱象团”等等，但是他始终包容这些，在几个深知的朋友间低低评说着一些诙谐的话语：“千余年前中印的交通很艰难，但是先驱者努力奋斗的结果，中印文化起了交流的作用，中国的思想建筑人生观种种方面受了印度不小的影响；现在，交通太便利了，途中又没有危险，就因为这，我受了你们的误解……”

逝世的哀歌

第二个上去报告的，是云大校长昔日清华算学系主任的熊庆来氏，他诉说他对泰戈尔逝世的哀歌：“执灯的人，你坚忍的站在黑暗当中八十年了。把人类的爱向全世界宣传；但是残暴的侵略者，他破坏了人类的幸福平安，正如你所说得‘为游戏而杀戮’。中国的大地因她的孩子们的残杀而痛苦着，在战斗中生长，坚实强大。正如你们英勇的祖先皮勒斯 Parus 一样，带着兽车驱着战象给打击者以打击。吉拉木 The Lum 河边的大战是印度史上最辉煌的一页；布西非勒斯 Bucephalus 被杀死了，不让敌人的铁蹄残踏你们祖国的土地。你的弟兄中国正在继续神圣的战争，负着历史的使命，为真理战斗，为正义战斗，为人类的爱而战斗。当你离开你最爱的世界时，还记念着你受难的弟兄。你的诗歌是伟大的预言；人类的历史很忍耐的等着记载被侮辱者的胜利，我们从战斗中去实现它。”

泰氏的思想

冯友兰氏代表三个大学（北大、清华、联大）上去介绍泰戈尔的思想，也可以说是他对东方文化的认识和了解。他回忆起二十年前跟泰戈尔氏的一席谈话，他说：现在想起，我还觉得泰戈尔氏的态度精神和谈吐，使人有“皆大欢喜”之感受，历历如在目前。泰戈尔氏对中国很敬爱，他说：“我终究要到中国去一次的”，后来固然来了。他对亚洲文明，认为可分二派：东亚之中国、印度、日本为一派，西亚之波斯、阿剌伯等为一派。他说：“中国印度的哲学，虽不无小异，而大同之处很多。西洋文明所以盛者，因为它的势力是集中的，试到伦敦、巴黎一看，西洋文明全体可以一目了然。我们东方诸国，却如一盘散沙，不互相研究，不互相团结；所以东方文明，一天衰败一天了。”对于东西洋文明的差异，他的意见认为是种类的（of Kind），不是等级的（of Defrll）。他说：“西方的人生目的是活动（Activity），东方的人生目的是实现（Realization）。西方讲活动、进步，而其前没有一定的目标，所以活动渐渐失其均衡，现在只讲增加富力，各事但求量之增进，所以各国自私自利，互相冲突。依东方的说法，人人都已自己有真理了；不过现在也有所‘蔽’，去其‘蔽’而‘真’自实现。”关于真理，他的意思只有一个，不过它有两方面，动（Active）和静（Passive）。他举例说：“譬如声音是静，歌唱是动；足力是静，走路是动。动常变，而静不变。东方文明譬如声音，西方文明譬如歌唱，两样都不能偏废；有静无动，成为惰性（Incrtia）；有动无静则如建楼阁于砂上。现在东方能济西方的是‘智慧’（Wisdom），而西方所能济东方的是‘活动’（Activity）。”关于佛教教义的真谛，他也有很好的解释：“佛说不要现在世界者，是说：人为物质的身体所束缚，所以一切不真；若要一切皆真，则须先消极的将内欲去尽，然后‘真心’现其大用，而真心完全之‘爱’乃出‘爱’就是‘真’。佛教有两派：一小乘（Hna-yana），它专从消极一方面说；一大乘（Maba-yana），则专从积极一方面说。佛教以‘爱’为主，试问若不积极，怎样能施其‘爱’。古来许多僧徒，牺牲一切以传教，试问：他们不积极，没有‘爱’，能如此么？”对于现世界，他认为也好也坏，好者因为它能助心之创造（Crcation），坏者它能为心之阻碍（Obstruction）。如一块顽石，足为人之阻碍；若制成器具，足则为人用。又如学一语言，未学会时见许多生字，足为阻碍；而一学会时，就可利用之以做文章了。所以，心物二者，缺一不能创造。”谈到中国的从新改造以适应这现在的世界，他的答复是“快学科学”：“现在西方对我们是取攻势（Aggressive），我们也该取攻势。东方所缺而急需的，就是科学。现在中国派许多留学生到西洋，应该好好的学科学。这事并不甚难。中国历来出过许多发明家，这种伟大民族，我十分相信，他能学科学，并且发明科学的。东方民族，决不会灭亡；不必害怕。只看日本，他只学了几十年的科学，也就强了；不过他太自私，行侵略主义，把东方的好处失了，这是他的错处。”

以上这些，是他二十年前的看法，是对是错，我们大致都可以分辨出来……。

此后代表中国哲学会的有贺麟，代表云大文史系的有徐嘉瑞等的致辞。篇幅已相当大了，不再记叙下去。将近五点钟，主席站起来道谢来宾的参加。暮色苍茫中，他们三五成群的踏出云大的校门，纷纷归去。

选自《大公报》一九四一年十二月五日、六日

// 她依旧是文化运动的摇篮

何　文

昆明仅有的几家报纸——《云南日报》,《中央日报》,《朝报》上,每天在“学府动态”或“联大动态”的标题下,都载着某某社举行什么晚会,某教授主讲什么问题,或者某剧社为募什么捐公演某剧之类的新闻。也许他们的意思是要凭这小小的新闻栏,继续不断地把联大新鲜生动而富于创造性的作风向全国甚至全世界广播,让大家都知道她依然保持着“五四”时代优良的传统,她依然是中国新文化运动的摇篮。

是的,我们正需要把现阶段的新文化运动展开在全中国的每个角落;我们也需要知道这摇篮里婴孩的年岁和健康。

一

联大师生们对他们所处的这个世界作何看法,很难得着一个准确的结论，我们只好转过来看看他们在工作上表现了些什么。

首先，他们对于国家人民的关心，是纯出于为群的热情，并没有参杂投机自利的阴谋。每次献金的名单上，捐钱很多而隐去真姓名的总有几十人。群社和青年会合办的民众学校，不但教课是义务职，而给学生的奖品铅笔纸张，一部分也由社友们捐助。几个给民众读的壁报如群社主编的《大家看》，青年团主编的《街头壁报》，冬青文艺社主编的《街头诗页》，其经费来源均由社友或团员同志捐助。戏剧研究社曾为救济清寒同学公演过一次《阿 Q 正传》，排戏一个多月，直至整七天的透夜公演完毕，连茶水费用，他们都坚持自备。拿这些事实同社会上流行的茶点费，临时费，应酬费等名词对照起来，我们才知道什么是新鲜，什么是进步。

联大师生都是有主张，有是非正义感的，他们的目标是求社会的进步，不是替自己辟升官发财的路子。潘 ×× 先生论“所谓教授思想问题”时，如果想到自己的利害关系，就应当和朱 ×× 说一样的话；只是他把教育事业放在私人利益之上，便不能违背自己的主张而争为时尚了。

许多人都说中国的知识分子，不怕杀头，不怕受拷打，但碰到钱，就难保不低头。我们承认一般现象是这样，但联大一部分进步的师生，不是敌人汉奸卖国贼或任何一种野心家能用金钱去诱降的。

二

"学术自由"这口号，是蔡孑民先生所提出的，现在继续在联大被实践着。同学们所组织的学术团体，不下三十个，他们研究的东西，五花八门，都有专长的教师指导。每个社团的喉舌，是代表她作风的壁报。壁报是一片复杂广漠的战场，许多落后的思想，都要在这战场上被打击得屁滚尿流，至于消灭。

有一个讽刺壁报《热风》最近一期载了一幅有趣的漫画，画文武两个门神，旁有一副对联曰：

"文昌再世趁国难时机搜脂括膏正宜浑水摸鱼，

武曲重生逢胜利年头摩拳擦掌何妨同室操戈"。

一位隐名的读者悄悄写一张白纸条，贴在那壁报的空间，说不应讽刺大人，抗战时期，只有听从。后来编者也出了个条子，申明欢迎那短小的杰作，让大家观光观光，可是当天夜里，那位匿名作家用泥把自己一时的兴奋之作涂掉了。在这无情的思想斗争的战场上，真理一天天在抬头。梅常委高兴地说："你们可不要谩骂，有失大学生体面"。

大体上各种集团都有两个目的：一是研究学术，二是集团生活的推进。各系系会比较死板一点，同乡会则只以联络情感为唯一工作。但这些团体的活动并不重要，尤其带着封建性的同乡会，除广东同乡会以人多见称外，同学们并不发生多大兴趣。主要的是大家自动发起组织的集团，那才新鲜活泼的代表着联大创造性的作风。

有名的“五四”座谈会，是联大各学生团体协助自治会主办的，到会的有昆明市各大中学校学生代表，他们发表了各色各样的意见，直到夜十二时后，会场情绪只有增高，甚至没有顷刻的和缓。其次，冬青文艺社今年元月初的朗诵晚会，有英文法文俄文德文福州语广州语汕头语……等朗诵，内容包括小说戏剧诗歌，参加的人有留昆明的诗人，新闻记者。成绩何如我们不敢轻加批评，单单就各种语言朗诵的尝试来看，是开了中国文艺界的新纪元的。戏剧研究社公演《阿Q正传》一礼拜，每天都是座满，结果售出近万元的票券，达成了救济清寒同学的目的。梅常委说：“近来同学们的举动都很好，譬如自动组织空袭服务团，演剧救济贫苦同学，我们联大是一个互助的团体啊”！

是的，联大是一个互助精神表现到最高度的团体。这种互助精神的来源，是由于师生们创造的天才和真挚的情感得到了自由发展的机会。联大师生们，在集体的自由活动中，发挥了他们创造的天才和为群的抱负。也改正了一般自私自利者的腐化思想。

三

到过联大的人，莫不称赞联大的民主风气，朱自清先生在梅校长任教二十五周年纪念特刊上，追忆过去清华的民主，末后说，他相信在梅先生主持之下，清华的民主精神，不久即将完全恢复。可见朱先生还怕现在学校民主得不够，但我们已经相当满意于同学中的民主作风了。

所有学生团体的组织，大概都以全体大会为最高权力机关，无论干事甚至社长或主席，绝不能强奸民意。一次有位学生自治会主席，因女同学有在记者招待会上充当招待，而发出一篇挽救人心世道的忠告，即刻引起了各壁报严正的攻击，一时群情激昂，直到那位主席引咎退避为止。

本学期学生会第一次代表大会上，有人提议下届选举时，公开竞选，由本届干事主持办理。我们不必问竞选这种方式是否适宜于学校内的活动，但这一提案，证明同学们不论在别方面意见如何纷歧，而对于民主，他们都共同的要求是很高的，因为彻底的民主，才能保障他们学习的自由。譬如学校迁川问题，各壁报都主张留昆，给学校当局一个参考。梅常委报告说：

“大家都不主张搬，学校里也有许多困难不搬动，我们现在就决定不搬”！

决定不迁川，自然以物质条件的不允许为最大因素，同时教授学生们的意见，也起了一部分决定作用。

总之，在联大，没有人能够武断专横，也没有人敢借势凌人。大家都在讨论商量着如何才能负起推进中国新文化运动的使命，如何使抗战建国的大业迅速完成。

四

也许有人要说联大学生既然都参加了团体活动，教室，图书馆一定是空设的了。可是，事实恰相反，在教室里，图书馆甚至寝室里，都满座着傻里傻气的书呆子，这些书呆子，正是演剧时抱笏登场，开会时高谈阔论的那些所谓活动分子。

很简单，他们在图书馆里读书，写作，绘图，完成这件工作之后，就跑到开会的场所去高谈阔论，或者去演剧，去宣传，去给民众学校上课。他们不放松生活和工作中的学习，更不忽视书本上的学习。你看见他白天在实验室里作定量分析多精确。晚上他又忙着给《中央日报》或《云南日报》写文章。不错，昆明文化界的繁荣，十之七八是由联大师生们支持的。正如他们生活内容的丰富一样，他的知识都是多方面的。你不要看见他们整天玩着微积分的公式，就断定他是一付机器；你还得在别的场合中，听听他对于国际形势的分析。

他们没有钱买书，但每个团体都有流通图书馆，大家的书大家看。藉集体研究，节省了他们大量的时间。自由活动和自由研究，根本就不是两回事。如果有人要把它们分开来，那就是愚蠢。

学校里考试制度，都循着清华的旧规。教授们在工作上经济上给同学们以尽可能的援助，但打分数却像一毛不拔的杨朱，这时对任何人都不讲情面。在这样繁重的功课下，越是活泼的同学，成绩越是好；越是死守书本不出门的人，越是没有办法。因为先生们要求同学的，不是背诵书本，而是具有一副灵活的脑子，碰到问题才不至“削足适履”。

联大师生们，有着活泼的精神。表现这精神的，便是自由思想，团体活动和既精且博的阅读。

五

联大师生是可敬佩的，有的人着眼在她给学术界的供献，像在地质学史学生物学……上新的发明。有的人重视她在昆明所起的作用。像从事云南社会调查工作，帮助民众教育的发展，在思想界所引起的变化等。但我们所注重的是这几千青年人如何在发育成长，他们——中国新文化运动的生力军是在怎样进步的教育方式之下发育成长着。

现阶段中国的新文化运动，不是建筑在为国，为群，民主，自由，进步的几个口号上么？这些都生动的在联大实行着。联大，她依然保持着五四时代的年青，依然是中国新文化运动的摇篮。

选自《青年生活》一九四一年第二期

// 昆明的剧运

——联大青年剧社的演出

鲁　宾

在联大青年剧社全体工作人员的热心支持下,《前夜》不特在“宣传抗战”的意义和“推动献金”的功效上尽了极大的责职，而且还有力地冲破了整个昆明的剧坛的沉寂气氛，替死寂了许久的昆明剧运重燃起一把光亮的火炬。虽然这次的演出，在演员的技艺、舞台的设计、灯光的配置以及服装、道具的各方面，都还多少不无可议之处，但一般地说来，在物质条件极度贫乏，极度苛刻的昆明，联青剧社能够突破一切困难，而达到献金公演的目的，而且又有那样比较美满的收获，这不得不说是异常难能可贵，而足使全体工作人员的热忱勇毅有所余慰的。尤其在后方重心的昆明剧运的延续推动上,《前夜》的意义,《前夜》的价值,《前夜》的影响所及，更是无法予以抹煞否定的。

《前夜》是一个国防剧，一出上好的国防剧，作者阳瀚笙先生是抗战以来的一个在国内负有名望的剧作家，在这一个名家的笔底下所产生出来的东西，当然是不会坏的。看了全剧的演出，再去看阳先生的原脚本，觉得有点感想，以此供献给全体热心剧运的联青社员，及其他从事剧运的人作参考。

大体说来，这次演出的成绩，是并不算坏的，布景灯光的配备有时虽嫌欠缺，但我们很能谅解，这是全然为物质条件所限，而无可如何的。同时这一些微小的欠缺或不足，对于原剧的演出上是没有多大影响的，原有的一切，已足以表映一个概略的情景而使一般观众感到满意了。在演员方面，除了有几位表演得比较草率外，其余都还相当成熟，相当卖力，尤其是汪雨的白次山，劳元干的刘济成，是表演得颇为成功的，白次山的精明练达，隐妥持重的样子以及刘济成的趋炎附势，到处奉迎的丑态，都被他们刻划得惟妙惟肖，深切入微，他们的一举一动，既真切，又诙谐，既不失轻，又能隐持尊严，自头至尾，从第一幕到第四幕，始终能以逼真有味的言动吸引观众的注意，控制看客的情感，使全剧的演出灵活生动不少，刘济成的一口流利的北平话，以及白次山的处处审慎隐持的演出，尤足使全剧生色。其次像姚念华的白青虹和沈长泰的林建平，钱重慈的郑文萱虽都表演得异常卖力，但有些地方还不免粗疏，如白青虹在他四叔面前故作镇静的功夫，以及郑文萱的沉闷抱郁的歇斯的里恶的神情，都表演得不够透彻，不够真实。尤其当白青虹在刘济成袋中拔手枪的时候，更显露出一种慌乱的情形。至于林建平，言辞的过份直率，行动的太为鲁莽，也许这正是他的个性的单方面的表现，然而不论其是否近似，是否适切，使人看了，终觉缺少好感。有时且鲁莽粗率得不能合乎情理，至于在一般次要的配角方面，除李贵，小传，茶房，及流氓外，其余全属平平未饰张敬轩的宋森，杨五爷的影子，一味轻松失笑，非但使人厌恶，而且不免有近乎胡闹之感，固然有时在严肃的成份中必须杂以轻松的穿插，以调剂观众的单调感，加强台下的注意力，但这轻松不但不可过份，并且最好能以幽默谐趣的手法出之，如果想用这种庸俗浅薄的低级小丑浮态来代替这所谓轻松，那实在是弄巧成拙，而徒失其全剧之严肃意义。余者如张梓的柴竹君，联瑞的王太太，可也的李微，唐之的孙立群，都表演得不见出色，尤其是唐元的孙立群，精神萎靡，国语也欠熟练，以这样的人来充当一个青年救亡工作的负责者，非但足使全剧减色，而且全剧的收束，也就更显得草率无力，这实在是使一般观众感到失望的。

就剧情上说，第一幕和第二幕的演出都还能差强人意，虽然原脚本上有一些并不十分重要的小节是被省略了，但这些省略在原剧的演出上并无瑕疵，反而在时间上得到了经济的减缩，全剧的第三幕是一个最能动人的场面，我自认我们中国人是一个家族观念十分深刻的民族，当白次山在声嘶力竭地同自己的侄女儿青虹气愤争辩的时候，青虹给他的打击似乎确是太无情了，为什么青虹不诚恳地在事先利用他的地位向自己的叔父明白劝说，而偏要偷行伪诈地在事后予以毫不容情的打击呢！这也许是年青人的一些热情上的疏忽吧！到后来，白次山的一贯诉情感伤的语调虽仍打动了青虹的残忍而又正直的心灵，青虹纵然变化，纵然落泪，而想凭最后的感情来打动叔父的固执，劝醒奸商的迷梦，可是到得那时候，白次山所受的刺激已那么的深痛，那么的悲愤，在这样的情况下要使一个执迷而又自负的人颓然回头，未免失之过迟了！不过这一段叔侄间互用的情感的劝辩，始终真切地控制了现象的情感，全剧的演出也到达了情感高潮底顶点看到哀怜凄然处，不禁催人泪下。至于最后一幕，既不能承续高潮的下降而继续其发展，而且处处显露出草率马虎的敷衍塞责态度，遂使全剧成了一个用意良佳，收束无力的虎头蛇尾之局。也许是第四幕的用人太多。同时也由于人才方面的贫乏欠缺所致吧！唐元的孙立群是绝对不孚众望的，联瑞的王太太，可也的李薇也觉得板滞无力。最后且把原脚本更改，添加爱国份子围捕流氓奸徒一场，气固然好像出了，但哄乱嘈杂的烦嚣却把白青虹的一局既悲壮又痛愤的呼号完全淹没了。我相信原作者的用意决不是在逞一时的意气而博观众之一快，他是想以整个生动有力的惨痛演出来造成舞台的悲壮气氛。而激励观众愤起除奸之决心，加强人民除奸务尽的信念。现在这样一改，非但在天津当时的情形下是否可能适切是一个问题，而且使剧失却了悲壮动人的意义，而造成一哄而尽之无力散乱状态，这实在是太觉庸俗肤浅了！

不过话又得说回来，虽然这次的演出，使人不能满意的地方好像很多。但是在这一方面是奢华淫佚的西洋无聊影片和另一方面的低级落伍的当地旧剧的交互充斥下的昆明剧艺圈里，有意义的国产片固然凤毛麟角，新兴的抗战剧运，在最近更是沉寂得可怜，而《前夜》却能够奋勇当先地来打破这消沉死寂的氛围，而为全市剧艺界作登高一呼之警惕，其意义之重大，其用意之深长，却是深堪注意的。据说一年前的昆明剧坛，曾有相当轰动，相当热烈的演出，那时候人才荟萃，气势蓬勃，中电剧团以及教育部巡剧第三团等都有很好的印象留给昆明的市民。可是以现在的情景与之相比拟，那真不免要令人有不堪回首之感了。话剧运动在抗战宣传中是最重要，最迫切的一环，动人之深，收效之大，也是高过于其他一切文字上的宣传的。抗战三年间，由于客观环境的实际上的急迫需要，剧运的火花开始在全国的每一个角落里炽融滋长着，但是在抗战后方的重心大城市——昆明，话剧运动却是呈显着沉默消极的状态，而一任西洋的奢华淫佚的无聊影片和土著的低级落后的地方，麻醉民众，毒害民众。这究竟是为了什么理由？这责任究竟应该由谁来负担呢？无疑地这是全国戏剧工作人员的重大责任。

最后，我们希望联青剧社的全体工作人员能不要忽略成功而灰心，为了祖国，为了民族，我们还得要供献我们的最大努力，为了整个抗战的宣传，为了昆明剧运的前途，我们更得要以身作则地负我们神圣的责职，站定自己的岗位，把握迫切的课题，坚毅奋勇的担负起一个剧运工作者的严重使命。环境纵然困难，条件纵然欠缺，但我们却必得要在不断的努力下，和坚苦的斗争中，替昆明的戏剧运动打开一条光明的无尽的去路！

最近听说昆明诸戏剧工作者预备响应成都神鹰剧团的捐募“剧人号”献机的义举。这是一个喜而令人兴奋的消息，我们相信昆明的剧运工作者大家紧密地团结在一起，站在本位，努力工作，为今后的昆明剧运燃放出万丈光芒！这光芒永远照亮着昆明，照亮着云南，照亮祖国的天地！

鲁宾于昆明

选自《青剧通讯》一九四〇年第七期

// 联大剧团演出《祖国》四幕剧

高 原

“联大剧团”是西南联合大学同学们所组织，它是由若干热忱救亡戏剧的教授领导着进行，再加他们好多同学在撤退时沿途学习了不少经验，所以这首次公演，阵战是相当整齐，而演出的成绩，也相当良好。《祖国》是四幕剧，二月十八日起，前后共演八天，地点在云瑞中学礼堂。该剧由陈铨教授导演，凤子、汪雨、刘雷、张定华等主演。凤子女士是沪方朋友所熟悉的一位演技优秀的演员，这次由她饰剧中的佩玉，深能发挥剧中人的个性。记者和她虽许久未见，而其演技仍能保持她以前的那种轻松优美的作风，这点是堪为孤岛朋友报道的。

《祖国》这剧本，原为法国十九世纪沙都氏所作。二年前由北京大学陈绵教授译成中文，“中旅”曾在各地上演过。其后又由马彦祥改编成一国防剧本，名为《古城的怒吼》，而这次演的，系由该团导演根据马彦祥的本子，将原来男主人翁报复他妻子一点强调和充实起来成为充满忠诚爱国，热忱救亡的主题。这一修改，是颇适合客观需要的。

闻该团二次公演剧目，已在选取中，但际此国内剧本产量贫乏之时，如无适合的剧本，或将演一激扬民族性的历史剧云。

选自《剧场艺术》一九三九年第七期

// 在昆明看到的几次演出

李朴园

昆明有十几个戏剧团体，大约有两百多位戏剧从业员；从我二月二十一日到昆明至现在止，四个半月的时间内，共总有了十二次的演出，计有西南联大《祖国》，金马剧社的《中国万岁》，业余联谊社的《流寇队长》，同济大学的五个独幕剧，西南联大的《夜光杯》，金马剧社的《凤皇城》，国防剧社的《凤皇城》，益世剧社的三的独幕剧，男青年会的《我们的故乡》，昆华艺师的《复活》，大鹏剧社的《七十七号》，云南大学的《血火》。

昆明有一个在别个码头不容易看到的现象，便是，无论是那个剧团上演，也不管上演的是什末戏，观众总归是有的。西南联大的《祖国》同金马剧社的《中国万岁》差不多是对台戏，都演过相当长的时间，据说，两面的观众都不少；金马剧社的《凤皇城》，同国防剧社的《凤皇城》，先后只隔两天，而且金马已经演了七场，但在国防上演同一剧目的时候，六场的观众数目仍然维持着相当的水准；金马是当地历史颇长的剧团，她自然有她固定的观众，但，到了后起的云大话剧团上演刚写成的《血火》的时候，观众照样很多。

对于这个现象，有人做这样解释：昆明是没什末娱乐的，滇戏是当地人看厌了，外路人看不懂；平剧大家愿意看，可没有什末好班子，只有赵如泉的一班，没什末好；电影是有两家，轻易不大有好片子，片子稍微好一点的就挤得了不得。这解释不能说是十分正确，大致还差不离，我个人就从来没看过滇戏同平剧，电影也不愿意同人家去拼命挤。

昆明不大有比较可看的戏剧批评。原因是，演技较好的剧团，自己架子摆得十足，本身不愿意接受任何消极的批判，能写剧评的人也不愿意对他们说什末话；演技较差的剧团，差不多都是新成立的，大家谈起来，都觉得应该扶持并鼓励他们，不应该说老实话，教他们因失望而气馁，说好话呢，有时候又觉得没有什末可说的，结果，是大家闷声不响。

我到昆明以来的这十二次演出，国防的《凤皇城》，益世的三个独幕剧，大鹏的《七十七号》同云大的《血火》，都是我导的；这四个演出的导演，使得我很少有工夫去看戏，我所看的除这四个演出的外，只有业联的《流寇队长》，金马的《凤皇城》，青年会的《我们的故乡》，同昆华艺师的《复活》；西南联大的《祖国》据说在国防的《凤皇城》以前是昆明话剧的水准，不幸，他们演出的时候正是我刚到昆明的时候，因为栖栖遑遑于一家人的住处的寻觅，竟然没有来得及去观光！幸亏，益世三个独幕剧中，有一个是联大同学的《最后一计》，倒使我知道了一部分联大演员的演技程度。

金马剧社是直属于云南省立民众教育馆的剧团，在昆明的历史算最久，可也最穷。据说，他们不论上演怎样的剧本，馆方只给国币一百到两百的上演费；票子是归馆方经手，卖多少先得把上演费扣出来才行。因为这个原故，他们没有力量新添布景，常是在旧的布景片上先贴一层纸，再涂一层色，当做新布景用；王旦东先生是在昆华艺师的电影戏剧科教舞台装置的，马金良君是金马有名的舞台装置人，但，他们的舞台装置可并不如何惊人！他们演员是很刻苦的，王旦东先生的导演也很努力，可是在演出方面，却显得并没有十分可取的处所：演员在舞台上的地位，既不一定利于演技，画面上也不如何好看；导演对于剧情的发展，不一定能处处抓住要点，因此舞台上的空气就显得松散无力；演员都很努力，努力的处所也不一定是剧情所必需的。现在，他们被编为教厅巡回演剧队的第二队，立刻就要下乡去了，我希望他们在乡村演剧上会有较为进步的成绩。

益世剧社没有基本的演员，也没有固定的舞台装置设备，这一次的三个独幕剧的演出，演员是由国立艺专同西南联大的演员们担任的，舞台上的灯光布景都是从国防同西南联大借用的；他们有一个特点，便是办事的认真同敏捷。艺专的演员都是在过去的艺专剧社干了多年戏剧的演员，女演员林婧女士是国立剧校毕业之后又在研究班研究过的人，演技方面究竟不大成问题；邱玺先生的舞台装置，虽然不知道比林徽音女士的如何，比也以舞台装置自命的闻一多先生是要高出一格的。西南联大在《最后一计》中的演员，四个人都有非常的热心同非常的努力，但，高小文君的包师长在姿态上有些失败，劳元干君的施营长多少有些站不大稳，霍来刚君的马百计，或者因为大病之后没有完全恢复的关系，气力微感不足。

国防剧社是由滇黔绥靖公署举办的剧社，本来在经济力同号召力上是比较全昆明任何剧团都占着优势的。《凤皇城》排练的时候，演员是从国立艺专，西南联大，云南大学找来的，林婧小姐也在内。因为经费够，邱玺先生的舞台设计同姚继勋君的灯光设计，都能够一一地实现，在这两方面，可说为昆明立下了一个新的水准。因为演员相当复杂，因为我是热心于国防剧社的稳固的基础，在排戏的时候，例如林婧小姐，我就绝少于干涉她从前演这个脚色时的种种演法；我相信，这是因为剧本本身相当的热闹，同大部分的演员都很多的演剧经验的关系，所以这个演出便得到了至少足与联大的《祖国》相当的成绩。然而，国防同益世正相反，这个演出艺术上有相当的成功，在生意可大大地失败——六场戏收回了成本五分之一强！我，因为伤心他们的办事马虎，现在是脱离了这个剧社，他们现在去邀万家宝先生，我希望万先生能同孙毓棠封禾子切实合作，再使这个有钱有势的官办剧社复兴起来。

……

以上，我写了我四个多月来对昆明剧运的知识，以及我对于目击的几个演出的印象。我敢发誓，写这篇东西的时候我绝没有丝毫的成见，我所指出来的都是我真正感到的。这些话也许不久就摆在昆明剧人的眼前，我也希望大家不要为私人的感情所囿，仔细地考虑一下。春秋责备贤者，我不敢以春秋的删成者自况，但，我说的是同志间应说的话，好的地方是用不到我说的。

昆明剧运现在是热烈的，前途是光明的，只一样，我们大家得自求改进！

一九三九年七月，脱离国立艺专之后。

节选自《剧场艺术》一九三九年八月第十期

// 联大生活：民主堡垒巡礼

史 靖

西南联合大学系抗战后集战前北大清华南开三校而成的，自迁徙来昆明已将及八载，时间虽然如此之长，真能了解其实际生活者却不多，甚至由于特殊之作风及历次发生之事件，不仅引起各地人士之怀疑，即昆明市民亦莫不为之惊异。

约在一年前，因若干事实之促成，盟邦友人曾誉联大为“民主堡垒”，自是一种尊崇学术研究自由之学府，声名乃益深。

此篇描写范围较狭，然对所以造成此种作风及欲明白联大情况者，或能稍有帮助。

——编者

自长安来

刚到昆明，便感到窒息，满天的尘土，满街的物欲，叫人心烦，叫人作呕，而高腾的物价更令人朝不保夕，这地方实不宜久住。

然而，一个偶然的机会，使我在苦恼的另一边，发现了一块清白的乐土。我看见一套不同的行为标准，一种不同的生活与思想的方式，蛰居在大后方的山岳已多年，今天开始正式接近了自由中国。

元旦后的一天，我由一个旧日小学同学引导，从清晨到深夜整日的盘亘在另一个世界里——那就是被认为民主堡垒的西南联合大学。

这位引导我的同学，是一位不喜言辞埋头念书却对世界国事非常关心的青年，当他和我从我的住处出发的时候，显得很畏缩，犹豫半晌才呐呐说出话来："我希望你不要失望，不久你便会看见一副松散零乱的图画。和一些近乎自私的冷漠的面孔，特别是那些有碍观瞻的纸条招贴，总之……"

不等他说完我便抢着说："不，不，决不会的，只要我真的看到你们实际的生活情形，我就满足了。"而也因他这一个预告，我便特别警觉，"他也许会瞒混我吧"，我心里这样地怀疑着。

是为了小偷

从车站沿着公路不到一刻钟的光景，已到了堡垒的大门，这里也照样地站着一位武装同志，但服装却很整齐，面色也相当红润，不像我在别的地方所遇见的那种，在门内大路的另端也站着一位武装同志，同样的荷枪实弹。我在正门口观望，对于这座堡垒竟包围得如此森严，不由的心中有些战栗，但结果并不可怕，并不需要盘询，更不需要冲锋，谁似乎都可以遨游于堡垒中而毫无所阻。

定了定神，我忍不住问了问何文——引导者的名字——一声："为什么学府里要这多军队干吗？"

他笑了，"那不是军队，是校警"，等了我一下他继续地说："学校里人太杂，时常失东西，所以学校请了一些退伍的士兵组成了一个校警队，主要的任务是为了防小偷，和保卫同学的安全，他们的成绩很不错，校园里的荒地也都是他们开垦的，他们和同学们处得很好"，跟着他又补了一句而且叹了一口气："他们是绝不会像 ×××× 那样的。"

火炬抵不住阳光

一道围墙，两个世界，像群花争妍似的，红纸绿纸贴满了墙壁，学生自治会的布告、三青团的布告、各个系会的布告、各个社团的布告，还有私人启事。呵！真热闹，有的是关系同学福利的，有些是关于从军的，有的是准备期末茶会和旅行的，有的则是遗失了一本笔记，或是招领一方手帕，上面标明花生米半斤或荞麦片两块。

没有什么限制，只要高兴谁都可以把自己的意见贴上去，何文告诉我，这风气并不太长久，江南事变后，校内太平，很少有个人敢发表意见。近一年来，同学们又逐渐活跃起来，过去为某些人所独占的地盘，于今，大家像可以分开一点，只可惜，将近考期考试限制了人的兴会，墙头的壁报大都褪去了鲜艳的颜色，尽是些过期的陈货，所以，门附近除了来往的师生之外，很少人逗留。然而那些“陈货”对于我这个远道而来的游客却也够吸引了，我几乎消磨了一个多时的时光于那些集中外古今之奇观的壁报之上，虽然是在期终，到了壁报的低潮时候，而就在红绿蓝中，仍旧有将近十来版壁报，我还认得许多惹人注意的刊名，而大半也都能名符其实，像以纯文艺姿态出现的“文□”，都是登的同学们的创作和文学理论，“新诗”是一群爱好诗歌的青年人的园地，他们的导师是名诗人闻一多先生，正在领导他们努力于新诗之改造，我看见他们的原则是要健康和人民的作品，不过对于他们的习惯我却不取颂扬，总觉得有点不自然，综合性的刊物占大多数，有排版精致的《学习》，有为大众福利呼喊的《大众》，有以华莱士《人民的世纪》为呼吁的《人民》，有大胆暴露现实的《现实》，有朴质爽朗的《冬青》，有短小泼辣的《刺刀》——还有以团体名义出刊的如历史最悠久的《社会》，是社会学会的机关报，可惜这一期内容并不精彩。有历史学会的《潮汐》。外文系有一个《生活》，除谈个人生活之外，也谈国计民生，曾经因译载汉金生一文而轰动过全校。最近四年级又出了一个《星火》，刊头上高举自由的火炬，外方人初入堡垒，不免望之心惨。法学会出版《法学壁报》，以介绍法律知识为目的，只是编排和趣味都不太高明。此外有专门讨论民主政治的《民主》，有专门讨论经济的经济系报刊，其余的则是专门讨论学术的《地学》和《生物》。最有趣的是生物学会竟特别关心战局，在一个比较冷漠的角落里挂着一幅战局图，每日照着报纸移动图上的小旗，以指示演变。最近自治会也仿效着做，表现得更好，每天清晨一张报纸一幅挂图，据说总引来不少的读者，谁说大学生不关心军事？

就在悬挂壁报的□端，有一个已残缺不全的《火炬》壁报，已褪色的火炬依然具有诱力，惹人注意，其硕果仅存的文章是一篇批评《民主周刊》的，似乎火炬毕竟抵不住阳光，也许有不少宝贵的意见，不能见客于光天化日之下早已含糊不清，奈何！

何文说：从前还有好几个壁报，像《流沙》因反对署名制度而停刊，像三青团的《青年》则时停时续由半月刊而变成了半年刊。上学年在学校加紧管制言论的时候，还有一个别开生面的《文摘》，后来自动停刊了。

我心中早为每一个壁报的□言所激动，我回头看见面前走来走去的青年男女，那瘦削而显得冷漠的面孔，我怎能相信他们很自私。

一阵灰沙

清早吃得太少，不免有点头昏，何文想请我在校门口的小摊上吃早点，他不好说出口，倒是我自动请求他领我去尝尝“佳味”，如是他显得非常高兴，总觉得一种欲望能得到满足，最沉默的人也会兴奋。在胃口干枯了多年的他们，于今食欲也降得很低。何文过去我记得是个无鸡不能生活的人，但此刻对于面前的一些小摊却已感到极大的兴趣，他虽然不善言辞却也滔滔不绝，他告诉我这个张大嫂的豆浆很好，吃完了还可以加一点；那个胖女人的鸡蛋饼味口很不错，就是喜欢涨价钱；广西老太婆的花样最多，可惜贵了一点；包子虽然便宜，分量却太少，吃饱了一算还是不经济；牛肉面比较合适，好像没有什么营养……他和我一面吃鸡蛋饼，一面想起刚来时的生活，两毛钱一个蛋饼于今竟要一百块钱，想起来真是可怕！他说现在最合算的吃法是一碗糯米饭，因为它比较饱肚不容易消化掉，主要的我想还是由于吃完了还可以再加半碗豆浆。

在围墙下站了不太多的顾客，各人都在忙于消化手中的食物。这季节正当昆明风季，满天尘土已够难受，还常常有汽车经过，引擎激起的一阵灰沙，自然是食品中的不速之客，我正在顾观四周的食客，转眼那豆浆上已黑白分明，我正想发言，旁边的人都若无其事的把汤匙调了一下，只哼了一声：“妈的。”余下的已一半下肚，我还有什么可说的。

女人和民主

吃完了东西，到宿舍里去休息，校中的每人态度都很匆忙，除有极少数的男女之外，大多数人的衣着是蓝袍夹克，袖口手臂大多有补丁，裤子也很少完整的，拿一个布夹或一卷土纸，在钟声支□之下奔走来回，其情景不亚于电影院门口之热闹，我恰好从教室的窗前经过，教授出入都很随便，同学们听讲的姿态是很诚实拘束，一切学校所例有的公式，最少我所望见的这些个教室里都未曾应用，有一个教室在外面窗子，也挤满了人，但我却看见有几个学生似乎很不在乎的从另一个正在上课的教室里出来，我非常惊异，这是怎么一回事，何文说："先生能不能叫座并不靠强制力，得看他的货色。"

在洋铁皮屋顶的教室另一边，是一片简陋的茅屋，样子完全是军营风味，谁能相信这就是教育建国人才的□宫？

校舍的环境倒很好，连着公路，倚着荒山走道上，有不少雄伟的油加利树，宿舍门前有同学们自己种植的花草，养鸽种花于今已成为不少人的消遣和必要品，房子的西边则是野草的世界，这好像说明了一种只愿门前漂亮不管两旁清洁的陋习，不过这责任究竟该属于学生抑属于学校，我还不能知道。

我走近何文的宿舍的门口，黑墙上有白色的号数，门上有住宿者的名单，一间小屋要挤二十人，所以有不少同学多在外面合伙赁屋，方便而又合适，且因此减少了宿舍里的拥挤，房中大都用布席隔开，两床自成一个天地。

在近门的一组大约有四五个高年级的学生，正在为一个问题引起辩论，我悄悄地钻进何文的天地里，近彊的那边，三个人很认真的在品评小 × 的小 × 究竟谁最漂亮，结果似乎是意见分歧不欢而散。

这时有一个人穿破布帘而入，样子很憔悴，面很轻松且深沉，介绍之后我知道他就是睡在何文上铺的朋友，对于我这个长安而经成都重庆来昆明已是过许多风险的人，他并不怀疑，他也许会想："这正是教育你这批家伙的机会！"

如是他开始和我寒暄，很快的就谈到国是的意见，邻组的人都怀着好奇心对着我，也挤过了来。稀松的土地上，放着一稳稳的长桌，到处都是紊乱，座下破鞋臭袜更自具一格，不时虽还送来一阵阵奇味。我就在几位青年的环视中，变成了俘虏，听他们训示受他们询问。开始我极不习惯，几次几乎都为他们□了的坦率激起了我的不快，我想离开他们，终于抑下了虚伪的自尊心，我和他们打成了一片。我非常为他们的大胆，反对权威，不拘泥形式的作风而赞美。在谈话中我想起屠格涅夫小说的一些人物，我的面前不正是站着巴托洛夫、罗亭、沙罗明吗？然而时代竟有很大的不同了，我虽然喜爱他们的天真，我却非常耽心他们将走到何处去？但今日的中国似乎还没有一条明确的大路足以使他们和无数否似的年青人敢于相信，怎能不叫他们犹豫怀疑呢？

是该吃午饭的时候了（实则对于吃不起早点的人来说这

是早餐才对），他们都相继离去。自从进了屋子之后，何文就很少开口，他有满腔热情，但他不习惯这种谈话，然而他的频频将头点首，我知道，他依然是非分明，并不无条件随意附和。我要求他的朋友同我一道去外面吃饭，这是我希望他们能陪我去饭厅走一趟。

难民图

我还记得幼年时候，慈善人士察灾的情形，千百男女成群结队在广场上冒着风寒，等待两顿稀粥的恩赐，那些画面，多少年来还深深印在我心中。今天，我看见他们吃饭的姿态，而又油然兴起。

一个饭厅，有几百人，八人一桌，男女杂陈，泥土地上放着饭桶，大家围站在一起聚精会神集中视力于那几碗清水菜中，看着唯一的营养来源，我怎能不为民族的健康而焦急。

他们似乎分成了好些小膳团，我看一个人拍手向两旁的同学说话，约莫只有八九桌人表示关心，那个爱辞者告诉我："联大同学很少正式的集会，饭厅才代表了会场，这里是实行民主政治的练习所，是表现个人服务能力和讲演天才的好地方……"然而，我觉得同学们所真正注意的倒不是动人的声调和选举，毕竟是桌上的菜和桶中的饭，假如这里也是壮丁的话，他们那种堆山式的装饭我相信都有吃皮鞭的资格。

牛肉面

进了大西门，多少新的建筑，这是近几年才繁荣起来的文林街，几乎除了茶馆及小食店之外，街上很难找出别样的店户。有两家旧书店只有观众很少顾客，这都象征着学生的购买力乏弱，奇怪的是有一家铜器店，杂处文林之中，未免不谐和？

踏入一家挂着市招的馆子，它也恐怕是这条街上最讲究的一家，堂倌跑来叫座，一看就知是退伍的军士，墙上还端正的贴着一些美国杂志的画片，特别是关于女子的最多，经验使他们知道我不是属于这个圈子的人，态度乃显得特别客气，因为他们相信我一定可以多照顾一点生意的。

果然，何文两个人一开口就要牛肉面，立刻使那位热心的堂倌冷了一半肉，原因是猪肉飞涨，牛肉价钱还便宜，土制的米线饵块分量也太少。联大的同学们最好的牙祭乃不得不限于牛肉，所以这条馆子很少不卖牛肉。习惯成自然，他们一坐定似乎便只会想起牛肉面来。但是，我说：“今天我一定要你们吃得舒服一点。”他们笑了，堂倌也笑了。

泡 · 吹 · 桥戏

说起“泡”字来，真是含义复杂，它可以应用于茶馆，应用于交朋友，更可以表示于恋爱的关系中，你提起“泡”字，都会从当时的场合而得到适宜的反应的，别人会给你以慨然的允诺，也会给你一个会心的微笑。

在泡茶的时候，必然不能缺少“吹”的成分，一杯清茶，跷腿靠壁，年青人最喜欢幻想，常常得意忘形，可以由天南吹到地北，由古今吹到中外。这里的茶馆，虽然还很简陋，而“莫谈国事”一类的传统古训则早失去存在。要想了解联大你不能忽视了茶馆，要想了解联大同学的生活，你就必须具有“泡”与“吹”的本领和耐心。

这时你又可看见另一种“泡”的方式，是认真沉静的桥戏。听说好些人曾因之而入迷，以至废寝忘食，终因此而被据于校外。联大的学生到了毕业而不会桥戏那将成为笑话。茶馆之所以发达与这个观念颇有关系。多数人也有受迫于其他原因而上茶馆的，据我推想，因为宿舍设备的不周，茶馆是最合适的地方，因图书馆太小，茶馆的灯光是最好读书的地方，在经济不充裕的现实下茶馆是唯一消费得起的地方。而我也不能忽视茶馆还有更重要的社交功能，一对男女，躲在桌角，安静得没有点声音，几乎异性在一起声音却显的特别响亮，我怀疑茶馆是可以念书，特别是面对着情侣，在喧嚣的场面下，青年人啊！谁敢说她和他正在想些什么？

下午和傍晚，我们移换了三个地方，整整“泡”了几个钟头，而也“吹”了不少时候。晚饭后，我更参加了“桥戏”。联大学生的生活，把我也拉回到年青的心境。但他们似乎显得非常松懈，没有理想，然而谁也知道最先举起肃清贪污的旗帜者是他们，最先集体充当译员的也是他们。国际上最富声誉的是联大，迄今仍能多少维持自由研究的精神的也是联大。这个学府的师生，都在一种艰苦的生活中挣扎，但坚贞勇毅而充满了正义感的人才，就是这样孕育的。

从长安成都而至重庆昆明，今天我才看见一座真正的学府。

“我们不要把它当作奇迹，这应该是新中国必然的结果”，在归程上，踏着月色，我迎着翠湖里的晚风，我这样地想着。

选自《自由论坛周刊》一九四五年二月十一日第十八期第三版，本文编者按系该报编辑所写

// 八年来联大与中国民主运动

《联大通讯》

八年来联大民主运动的消长和国内民主运动的消长是相关的，因此假如说国内的民主运动从抗战开始到现在可以分成“(一)抗战开始——皖南事变,(二)皖南事变——湘桂战事,(三)湘桂战事——日本投降,(四)今后”四个时期，八年来联大民主运动也可分成这四个时期。

北大，清华，南开还没有搬到长沙，每个学校，都有千余同学，到了长沙，一共只八百左右，很大一部分留在北平没有出来，一部分就英勇的参加了抗日战争。不久，南京失守，武汉告急，又从长沙搬到昆明，同学更只有四百左右了。到开始喊国立西南联合大学时理工学院在昆明，文法学院在蒙自。二十七年夏，蒙自的搬回昆明，而且第一次招收新生。联大的中华民族解放先锋队就是新生到校不久成立的。这年的“一二·九”，出现了联大的第一个壁报，名字叫《腊月》，里面很多是亲身参加过“一二·九”运动的对“一二·九”的回忆片断。而且一开始，就为“民主”而高呼。一直到所室由西站农校搬到新舍才有第二个壁报出现，但这时候同学的兴趣却已经转移到“组织”方面了；联大第一届自治会（是）这时成立的，里面有青年团员，也有“民先”的；“女同学会”是这时成立的，“群社”也是这时成立的，和当时少数人的看法相反，群社只是一个学习生活团体，而不是政治团体，一些爱玩的南开同学是它的基本社员。群社里面有球队，有歌咏队，有壁报，有救护队，有读书会。读书会举行过“五四”座谈会，和其他的讨论会，讨论辩论的题目多半是与青年生活有关的，但在当时国内政治重新趋向反动的环境下，这一为大多数同学所爱护的团体，也就为少数所忌恨诬蔑。其中斗争情况是相当激烈的。一次，表现于物价高涨工资不加而引起学校里工人罢工事件。当一位工人把一个玻璃瓶上有 R 凸出来的字体印在他们的标语上的时候，想不到反过来成了俄文 Я，于是一部份人士大讲，说是标语上发现了俄文图章，罢工事件不简单，一定有人指使，于是不分皂白地向群社纷加攻击。后来经事务组查明，才晓得只是酒瓶上的商标，真相大白。还有一次表现于青年剧团，联大剧团等五个剧团事件。这五个剧团是早就准备好在二十九年的五四每单位演一出戏，想不到要演的时候，为演出先后次序而争持不决。抽签的结果，青年剧团中了头彩，大不高兴，不告而走。一月后，张伯苓先生第一次来到联大，青年剧团决定独自出演，可是因为一方面规定同学对号入座，一方面派出大批手拿棍子的纠察队，大为同学所不满，于是会场门口秩序大乱。一位同学干脆地跑到电灯房去，把机关一拉，会场漆黑。这自然恼怒了青年剧团，一方面喊纠察队集合，一面找人在黑暗中跳上台去，领导一部同学喊了三个口号：“打倒共产党，打倒左倾份子，打倒群社。”而当群社一位社员站起来提出抗议，反遭少数人所攻击。后来，三位常委召集同学训话。张伯苓先生说：“我不怕同学闹，越闹越有出息，但闹过以后，必须到查先生那儿去悔过，才是好学生。”果然一位同学去悔过了，是一位老国民党员，电灯也是他弄熄的，与群社无关，于是真相又大白。除开青年团和群社的斗争外，还有青年团和《热风》壁报的斗争。《热风》最后一版是三十年六月一日出版的。三十年初，皖南事变发生了。大后方民主运动到了一个新的艰苦时期，联大自然不能例外。

皖南事变到湘桂战事这一时期，联大的民主运动和大后方别的地方一样，是相当消沉的。然而是不是说联大在这一时期完全收敛了它的光芒呢？不，这是讨孔运动所能证明的。但在当时的环境下，讨孔运动只能是电光的一闪，也是很显然的。为了证明当时不民主政治环境是这样压制、残害青年的精神生活，孙桂恩同学自杀事件是值得回忆的。作为当时联大四年级反总考委员会的总干事孙桂恩，是被少数同学出卖了，被少数人利用来分间孙桂恩对于这一工作的热诚的一位姓左的女同学也被这少数人出卖了。当他仍用自杀来结束他们的悲愤时候，这一悲惨的结果刻画在当时同学们心中的印迹相当深刻的，然而是不是说当时同学对于中国前途表示失望呢？不！三十一年冬，斯大林格勒一线，扭转了欧洲战争甚至整个世界反法西斯战争的形势，大大地提高了欧洲人民民主力量的信心，以后红军几次反攻，成绩的辉煌，更是史无前例。这自然影响到中国民主运动，同样地（影响到）联大民主运动。于是去年四月间，张奚若先生放了第一炮，对“五五宪章”，“国民大会组织法”，“代表选举法”，作了一个露骨的批评。首有“五三”晚会，对政府把“三二九”改成青年节，大家表示无限地愤慨，接着有先生们主办的“五八”晚会。几年来压制在反动统治底下的联大民主运动开始抬起头了。自然这一新的国际局势（加上第二战场的开辟）也加强了敌人的疯狂挣扎心理。湘桂战事发生了，国军一退千里，国内局势真是万分严重，人民深切认清这一事实：“政治不民主，便无法抗战”。从这时起，大后方民主运动到了一个蓬勃高涨的时期，联大民主运动也跃进了一个新的阶段。

湘桂战争到日本投降这一时期里，联大民主运动是有好些值得称道的，我们参与了十二月的护国纪念游行，这是在“反对独裁，拥护共和”的口号下进行的；有今年四月初发表的对时事主张宣言，共印行了四万份；发起了五四游行，就在这一天，昆明学联成立了，即如通译员，青年军运动，联大也不落人后，虽然政府并不珍惜青年这份爱国热情，而且使它受到无益的损耗。然而假如说，中国民主运动不应也不能只是城市里的学生运动的话，又有大批同学离开学校到农村去了。总之，在这一时期里，联大是英勇而且坚毅地迎接和推动了汹涌的民主潮流，他博得了“民主堡垒”的称号，大家是在对“联合政府”一致的认识与要求之下团结起来，而且每一行动都得到先生们的支持帮助，学校当局也并未加以干涉。现在又到了一个新的时期，和平带来国内民主运动发展更具有利的条件。作为“民主堡垒”的战士在留昆的半年内，一定会以更高的信心，更大的勇气，创造出更多适合国内和平时期的民主运动方式来完成民主和平，团结的新中国的建设，这是可以预期的。假如说八年来我们承继而且发挥了北大、清华、南开的“五四”，“一二·九”的传统，回到北平后，我们一定又会继承而且发挥联大的精神，这也是可以预期的。

联大接受了北大清华南开的光荣传统，而且继续光荣地发扬光大了它。许多青年向往着联大，把联大当作民主堡垒，有些兄妹们甚至把联大以及“联大人”神话化了，然而，我们本身无可讳言地存在许多缺点，当别人更接近我们的时候，或许是要感到冷漠和失望的。过去我们对自身的检讨工作实在做得太少了，我们希望以后会有机会来补偿这遗憾。

选自《联大通讯》第六期。一九四五年十月三十一日，联大学生自治会为了纪念在昆明最后一次校庆，举行了一个检讨晚会，这就是晚会上报告的一部分

// 民主的浪潮在激荡中

叶方恬

在法西斯的毒焰日趋消沉的今天，一般真知灼见的人士都认为这一世纪是人民的世纪。人民是国家的主体，政府不过是人民的公仆。各国的政体，虽然由于历史传统的殊异而有所不同，但其政府必须以谋大多数人的最大幸福为其施政的总目标，则是无庸置疑的。如果一个政府能够做到这一点，则必为大多数人所心悦诚服而持续其生命；不然，则由于新陈代谢和适者生存的自然法则，该政府将为另一个新兴的、而且能够真正代表民意的政府所置换。

自抗战以还，一方面由于通货的膨胀，一方面由于物资相对的缺乏，再加上心理因素所造成的投机行为，国内物价乃在突飞猛涨的过程中。物价上涨的结果使生产萎缩，使财富集中，分配愈趋于不平，使一批见利忘义之徒干了贪赃枉法的勾当，使大多数人在生活的重压下呻吟不已。在政治方面，国共谈判，时断时续，历时三载，但根本问题迄未解决。在欧洲东西战场节节胜利的今天，在盟军行将登陆我国的今天，在旧金山会议即将开会的今天，我们展望未来世界的局势，实在感到异常的兴奋，但回顾国内情形，又不能不怀着无限的隐忧。一般忧时忧国、高瞻远瞩的人士都异口同声地强调着：今天是我国家民族兴衰的关键，而复兴的途径只有实现真正能代表民意的民主。因此，在今天有许多人正为着实现真正的民主而呼吁，更为着实现真正的民主要努力。

西南联大继承三校光荣的传统，过去对于民主政治多所研讨，多所发挥，更多所努力，因而博得友邦人士"民主堡垒"（Bulwark of Democracy）的称号。为了保持并发扬其光荣的传统，它便参与了这次民主政治的主潮而激起了一个令人难以忽视的巨大的浪花。

大概在两个礼拜以前，浙江大学学生自治会给联大学生自治会寄来一张国是宣言，表明浙大同学对当时国是的意见。不久以后，联大20个壁报团体便出了一张联合壁报，向学校的师长们和同学们呼吁民主，同时促请学生自治会理事会召开代表大会，以便就国是意见制发宣言和通电，向国内外呼吁民主。理事会根据这个要求在4月4日晚间召开了一次代表大会，当即议决宣言和通电的内容，并决议这两个文件由理事会负责草拟。理事会将宣言和通电起草完竣后，于5日公布，征求同学的意见，同时向全校的师长们和同学们发动募捐运动，以筹措印发宣言和通电所必须支付的费用。正式的宣言是在 6 日那天公布的。它首先说明了当前国内局势的危殆，继而提出了六项具体的意见，这几项意见的要点为:（1）举行国是会议……召开真正能代表民意的国民大会，制定宪法，实施宪政。（2）确实保障人民集会、结社、身体、思想、言论、出版等自由，并取消一切特务活动。（3）以断然手段，没收发国难财者之财产，没收在美冻结的三万万美金存款，及一切逃亡海外的资金，以充战费；同时停止通货膨胀政策，采取一切有效步骤，使富人负担战费，改善人民生活。（4）成立联合统帅部，平等提高军队待遇，确实保障出征军人家属生活。（5）……实施战时教育，确实保障公教人员生活。（6）加强与各盟国合作，目前尤应从速敦睦中苏邦交。

在正式宣言公布以后，关于印发宣言的问题，一部分人便提出了异议。这一部分人究竟有多少，只有他们自己才知道。他们一共出了两次文告，第一次写出了 10 个学号，下面写着“等 96 人”。第二次写出了 4 个名字，下面还是写着“等 96 人”。他们并不反对发宣言和通电，不过他们有不同的主张。第一，他们强调国民大会的召开。第二，他们提出彻底整编全国军队的意见。第三，他们认为这宣言应该由学生自治会召开全体大会通过后或由同学签名赞成后，再寄发出去。针对着这一个意见，20 个壁报团体也联合出了一种文告，对于上述意见有所答复。第一，他们认为……第二，在联合统帅部未成立以前，彻底地和公平地整编全国的军队是非常困难的一件事情。第三，理事会受命于代表大会，代表既是由同学选出来的，当然可以代表同学的意见，所以他们主张无须召开全体大会。至于签名一事，他们主张凡是反对该项宣言的可以到自治会去签名，表示他们和这宣言无涉，将来可以不负任何责任。

这是笔战的开始，接着还有一部分反对的同学提出了其他的异议，同时哲学系 1945 级同学和政治学会也发表了拥护宣言的意见和答辩。不过后来的争论都属于若干枝节的问题，与这件事没有多大的关系。因为这些反对和拥护的意见的提出，联大新校舍的张贴栏内便贴满了各色的文告，在万紫千红、鸟语花香的时令，它们增加不少的春色。

学生自治会对于这场争辩的意见是：任何文件如果不正式具名提交理事会，则仅属私人意见的发表，自治会可以不受理。不过，这时学校当局鉴于同学意见的分歧，曾致函自治会，嘱将宣言和通电暂停发出。自治会为解决这一问题又召开了一次理事会。同时，全校 81 位代表更具名致函理事会坚持原议，并表示愿作有力的后盾，监事会亦力促理事会发出二项文件，故宣言和通电仍旧继续寄发出去。

几年来，在沉闷的空气中，一般人几乎感到窒息。大学生自然更非例外。他们有充分的、奔放的热情，有辨别是非善恶的头脑，对于国是更有他们的看法，而且他们还在不断地学习，准备在将来为建设崭新的自由中国而努力。在祖国危急的今天，在国家民族兴衰关头的今天，他们实在忍无可忍，不得不倾吐出他们的“由衷之言”。在全国人民喁喁望治的今天，在千万人憧憬着一个理想的未来世界的今天，他们的呼声又怎能会得不到深切的同情和洪大的共鸣呢！这几天，联大新校舍的张贴栏内，又贴满了红的、绿的、黄的文告，但这不是坚持异议的文告，而是响应和拥护宣言和通电的文告。这是大多数人意志的表现，也是这令人难于忽视的、巨大的浪花中的无数水沫。

现在，虽然这事已告一段落，但是民主的思潮已经深入地印人每一个人的脑海里，民主的呼声更在这久负盛誉的堡垒里回旋着，给人一个隽永的印象。虽然民主的浪潮曾经遭遇到一点小小的风波，可是这风波反而激起了一个令人难以忽视的巨大的浪花。这浪花更将大多数人的意志汇成一股洪流，卷入民主政治的主潮。这主潮将在自由之海中澎湃着，更会万马奔腾似的向着法西斯的毒焰冲泻过去。

选自一九四五年五月二十六日成都《现代周刊》

// 联大的民主运动和壁报

晓 蒂

三四年以来，争取民主成了联大舆论与行动的中心，成了壁报，座谈会，演讲甚至于同学间相互谈话和辩论的主题。由于学校行政上的民主以及同学们对自己事情的认真，这里已才有了相当充分的言论自由，所以民主的呼声总是占着上风。间或某些特殊一点的同学发出一些“杂声”，但结果也不免被进攻得溃不成军，反而更增强了民主的势力。

过去联大也曾经沉默过一些时候的，像大多数后方青年们一样地用沉默来表示自己的苦闷和不安，但那也许是相当愤怒吧！太平洋战争后不久便爆发一次“倒 × 运动”，那是突破沉寂的第一炮，虽然并没有得到十分显明的成功，但也给青年们增添一些勇气。

然后，同学们开始感到一个组织的必要，从前联大也有过自治会，但是因为常受到少数人的搅扰，所以大家对它的

“兴趣”也淡起来。现在大家不愿意再这样消极了，前年便开始有了民主的自治会，它负责领导了很多次的民主运动，推进了同学们的福利事业，而且舆论不时地还在督促着它的进步，所以今天它已经成为同学们最信赖的团体了。

从有了自治会以后，联大的民主运动更坚强积极起来，去年政治更深的腐化造成了军事上的大挫败，“国是”愈来愈不“是”，激怒了全国的人民。就在那时，联大壁报的种数更快地增加了不少，校门口的墙上几乎天天都有壁报的“正规军”和“游击队”出现。同学们上完第一堂课便是去检阅这些部队。没有同学再缄默了，大家都在焦虑着祖国的前途，到处都笼罩着争取民主挽救危局的严肃紧张的空气。

就在那时，自治会领导者发表了三千同学对国是的意见，在联大民主运动史上这是有极重要的意义的，大家更进一步地唾弃了那一部分意见与大多数人相左的同学。他们曾煞费心机地要阻碍宣言的发出，甚至于连学校当局都劝自治会“征得全体同学的意见”以后再发。形势似乎是很危急的，但同学们用口和笔发动了全面性的攻击，毫不留情地揭发他们的“来历”和“身份”，终于宣言带着更大的效力发出了。大多数同学尝到了胜利的甘味。

联大的同学们并不满意于他们眼前的成果：民主运动在这里也是不停地进步着，譬如说大前年的五四，同学只获得了一天的假期，没有一点别的表示；前年五三的晚会上便在挤得水泄不通的联大最大教室里大声疾呼起来，反对了三月廿九日的青年团，要求争民主；而在去年便由出学校联合了昆市的在校朋友和市民们汇成万人大游行的队伍，喊出了“停止一党专政”、“组织联合政府”的口号，这些进步并没有使大众满意，更大的进步在向他们招手呢！

壁报在历次民主运动里曾建过不可磨灭的功勋。在今天，壁报的种类已经超过四十，性质以文艺性的较多（例如《杂诗》、《文艺》、《冬青》等），其次便是专门报导和分析现实问题的（例如《现实》等）。理学院几位同学也创办了一种科学性质的壁报，名字就叫做《科学》。无论那一种没有不和民主运动紧密地结合着的。

壁报的读者，不限于联大和其他大学的师友们，还有不少的市民和中学朋友也常来从里面获取新鲜的知识。至于对联大特别“关切”的剃光头、穿西服、戴黑眼镜的不速之客，更是少不了的，联大壁报竟也给这些人添了报告的材料。

审查制度是不存在的，“训导处登记”只是手续问题而已。学校当局虽然曾经要求过文章上要署真名，结果闹得没人理才了事，希望不久的将来连这点登记的手续也取消掉。

为了各方面办事的便利，各壁报成立了一个报联（壁报联合会的简称），这是一个至今不经学校承认但仍然发挥着伟大力量的组织，参加者是自愿的，有少数不愿意参加的壁报用分身法把三个壁报变成十来个也来一个“报联”，但真伪毕竟并不难辨，没有什么人会受骗的。

后报联所包括的壁报最大的特色便是名称辉煌得吓人，

例如“森森”、“诛伐”、“辨奸”、“野火”……等等不一而足，常有很多与众不同的“见解”，譬如说“苏联工人的生活太苦”等等；也报道一些“奸党”如何“捣乱”的消息，茶余饭后，也有同学去消遣消遣。

同学们对这几种威风凛凛的壁报的态度可以从下面的笑话里看出来：有一次某壁报上剪贴了一些“宝贵”的新闻，报道“奸党”字样一律用毛笔改成“共党”，不竟老天竟负苦心人，上面印着的“特种宣传资料”赫然在焉，于是有同学提笔批曰：“该扣津贴！”

此外自治会有一份名叫《联大通讯》的半月刊，纯属对内性质，但校外的朋友们也有不少是它的读者，因为里面常摘引一些壁报上的文字，也报道联大的新闻，是普通报纸杂志上见不到的。

现在大家都在注视着国内外的政局，忧虑着内战问题。没有什么人会赞成内战，但很多人心里都在萦绕着罗隆基先生讲过的话：“如果统一和民主非打不可，我们要站在民主的一面。”

最后再用一个故事或说是笑话收场吧：去年重庆政校有几个学生到联大观光，看到了联大的团报，不禁摇头感叹到：“不像话，这种思想简直成问题！”耳濡目染连团内的同学都被重庆来的人认为思想成问题了，人心终究是不“古”了。

选自《青年知识》一九四五年第一期

// 一个美国记者报导的昆明学潮

C.J.Canning 著 鸿麒 译

昆明学潮至今还没有解决，它现在已扩大到二十九个城市的专门学校，大学和小学。学生们再三要求中央政府和共产党员停止内战。更进一步，那反对干涉言论和结社自由的抗议也已向中央政府提出了。

在十一月二十五日晚上，有六千学生和教师在西南联大的操场上举行一个公开的会议，解释劝告中国的二大政党和解的意义，而被昆明的驻军包围而射击，虽然有步枪机关枪在他们的头上射过，手榴弹在附近爆炸，大会继续开下去，十二个学生团体的代表一致议决，发出制止内战的宣言书。打电报到华盛顿要求撤退美军的信件也通过了。

在几星期前，当地的大学和小学之中已有了反对内战的堪注意的运动。这运动在最近学校内痛斥国内的政治领袖们的壁报的文章中已见到。报中的社论要求中央政府组织一个真正的联合政府而废止一党专政。

自由被约束了

昆明的军事，国民党和地方军在十一月二十四日晚上召开会议，决定颁布命令，禁止学生集会。学生们响应他们的是，立刻把当地官长直接违犯最近中央政府所保证的言论和结社自由的罪名加在他们身上。

次日，联大，云大，中法和省立英专的学生团体举行了一个会议。第一个演讲者是钱端升博士，杰出的国民党员，联大的政治学教授，他指出，组织联合政府是解决内战的唯一办法。在他演讲时，子弹在围墙上射过，但是没有人去注意他们。

第二个演讲者是伍启元博士，联大的经济学教授。他说，假使中国的民族要生存，假使第三次世界大战要避免，中国必须没有内战。当伍博士在演讲时，机关枪格格地响着，子弹在头上嘶叫，学生们都把身子伏在地上，但是伍博士在学生们的喝采声中继续讲他的演讲。

当第三个演讲者费孝通，云南大学社会系主任走上讲台时，驻军以机关枪手榴弹来欢迎他。费博士不得不大声疾呼，使他的声音在喧嚣和混乱中可以听到，但是他也结束了他的演讲。

正当大会议决，提出向政府抗议以及送一封信给美国时，有一个戴黑眼镜，自称“老百姓”的人要求发言。他辩驳，在中国北部进行的战争并不是内战，而是镇压造反。听众嘲弄而嘘他，除去了他的眼镜，认出他就是赵宗藩（译音），昆明国民党部的特派秘书，他是担任“特务”的。主席立刻要求赵宗藩离开讲台，但是他的同道的官员大声叫道：“让他说”，创造了这样的一种混乱，大会就散了。

马路被封锁了

学生们正要回家，发觉所有通联大的马路，被兵士们架着枪，封锁起来了。在准许通行以前，学生们在寒风中抖了好几个钟点。潘大逵教授回家时被武装的流氓打了一顿。

这武装的干涉是城内四个大学和二十五个小学在十一月二十六日向政府和军事当局罢课的直接原因。学生们把要求停止内战的标语贴遍了全城的墙上，在街上游行，发传单，劝兵士不要作战，请商人罢市以同情学生。

次日，昆明的报纸不能把枪击的正式消息登载出来，以中央通讯社的谎话来代替发表，它把枪击的事实描写为“当地驻军追击一队武装的匪徒的战争，这队匪徒企图城的西门抢几家人家。”这谎话说，兵士们为了要驱散匪徒，不得不向他们射击。这谎话激起了极大的公愤，学生们要求中央通讯社作一个更正和道歉。

在昆明版的军报、《扫荡报》上有“学生反罢课委员会”

所登载的极有趣的一个通告，就是学生向军事和政府当局报告关于罢课学生的活动，那么当局可以得到适当的办法去制止这种“破坏秩序”的活动。

选自《综合周刊》一九四六年第四期

// 联大的宣言前后

远

四月四日，西南联大学生自治会曾有过一个临时代表大会，通过了宣言和通电。

这晚上代表到了九十多人，旁听的倒有好几百人。旁听席上坐满了，就站着，屋里站不下了，站在屋外，窗口满挤着一个个的人头。

有一个同学站起来，他说，在今日的中国，宣言底效力是几等于零的。他要求以行动为宣言后盾。他的话引起一大片掌声，历久不息。

当场通过发起组织学生联合会，并定“五四”举行游行。

事后学生自治会因为经费不足，举行公开募款。除了由二十个壁报分头发动外，并在校门内放了一张募款桌。募到的款子，主要充作印发宣言之用。余数作为自治会经费。

印一张宣言要十元钱，印一千张，大概要一万元。

第二天，已经有一个壁报社募到二万余元，女同学会也募到两万元以上，并且还贴了启事，呼吁大家为争取真民主而努力。

募款桌前来往着各色各样的人，有男同学，有女同学，有穿长衫的，有穿中山装的，有穿西服的。还有教授们，连教德文的冯至先生都特地跑来写上名字，捐了三百元。

没有人不赞助这个宣言，没有人不想发这个呼声，除了五十几位"特殊化"了的同学，他们企图以少数人来改变这宣言的内容，当然是失败了。他们底启事一贴出来，马上成为许多别的启事底"众矢之的"，学生自治会也声明发宣言的手续是完全合法的。廿个壁报贴了一张联合启事。认为他们对愿自居"特殊"，尽管写出名字来，就让他们"特殊"好了。

五十多人底启事，只写学号，不写姓名，有人说有些学号是没有人，或正在休学的。自治会因出声明：凡不书姓名的启事或函件，此后概不受理。

有一个自称是"三一五四二"号的同学贴出启事，自称是"代表"，不赞成这个宣言。一个人赞成不赞成原无关系，但刚贴出来就被人撕了，不久原来的地方又出现了一个声明，是一位姓李的同学，他说：我底学号是"三一五四二"，不知谁盗用我底学号，应当追究扭送司法机关。他又说：国事至此，还不赞成说该说的话，那简直就等于汉奸！

捐款的结果发表了一部分。三天在募款桌前募得了八万余元，各壁报捐款总数还没有发表，大家相信总有数十万元。

四月十日，宣言印出来了。

（远四月十二日）

选自《燕京新闻》一九四五年四月二十五日

// 四月的春光

——西南联大半月通讯

佚　名

春天带来了新生命，红花绿草擎起灼亮的火炬。校园里有了光彩，褴褛衣裳的人们闲散在它们中间：也有奔忙的穿过它们的间隙。阳光红热热的，天空洁蓝，没有一个雪朵，一切都是平凡的。

四月一日接到“浙大国是宣言”，像春天里开了荷花，同学们蜂拥的争先阅读，于是引起全体同学热烈的赞助与拥护。冬天的麦子得到春天的雨水一样，对民主的企望更形迫切。二十几个壁报出联合版，各小团体都一再的响应呼吁，请自治会出来领导。四号晚上自治会召开全校代表大会，议决响应浙大国是宣言，发表我们的国是主张，通电全国各党派一致团结，组织彻底的民主政府……。

发出宣言的前几日，引起了同学间激烈的“墙壁论战”，由二三人而四十余，而五十五人，而九十六人，以四人出名领衔持着怀疑的反对的主张。还有偶尔偷出一两声怪叫“拥护国民大会……”不疼不痒的吹毛求疵，翻来覆去呻吟着。也有捏造或盗用学号的不肖者。不幸的很，他们遭受了警告。好事者翻出某名人的学号，暴露了他的真面目。航海的人时常会遭遇风浪的，风息了船也稳了。

几天的墙头论战，告诉了人们团结才有力量，于是级会、系会、学会、工学院、师范学院和先修班经各团体极大多数同学的签名，都贴出绝对拥护代表大会的议决案，国是宣言，代电等布告。虽然还有燕树棠教授领导的法律系仍坚持默寂的态度，而那四人领衔的九十六人（未写学号姓名）的意见也自动撕毁了。红的绿的支持自治会拥护国是宣言的布告贴满墙壁，再也看不见唠叨的骚扰了。一万五千份宣言通电半天工夫传遍昆明的每个角落。各县、各省、各大中学文化机关，以及英美法的盟友争先的寄回国去。

仓促赶回学校的梅常委，休息两天后在追悼罗斯福大会上，对于该宣言谓：“以往不究，如果以后有扰乱学校秩序的事情，我们只好不维持了。”

不平凡的半个月过去了，每个同学的心田上深长着牢不可拔的民主根芽。他们过了一段民主斗争的生活，开了生活之花，像春深的花朵争艳的奔放着，在联大，在昆明。

第二个波浪——五四——又翻漾着，向联大滚进来。

（四月廿九日）

选自《燕京新闻》一九四五年五月九日

// 联大的民主集会

——时事晚会速写

吴 晓

民主团结像一面辉煌的大旗，它号召着联大的同学们，歇着日间上课的疲劳，从宿舍、实验室、图书馆走出来，参与学生自治会所召集的时事晚会。

原定开会的时间是七时。但当时针与分针在6字钟头的时候，那庞大的饭堂底面积，已经被同学占得七七八八了。这时候，不少的同学们，还随着薄暮的春寒，踏着皎洁的月色，从三四里外拓东路的工学院、大西门外的师范学院赶来。

六时三刻，人愈来愈多了，连那瑟缩在膳堂一隅的破木床，也因为负担太重而力！力！勒！勒！的呻吟起来。

没有鲜花，没有生果，会场的布置是挺简单的，临时设立的讲坛上，摆了几张桌子椅子，几个茶碗而已。至于到会的同学，都是自己带了旧报纸，坐在地面的薄板上或席地而坐的迟来的人，连坐的地方也没有，只能占一个立足点。甚至有些人站在门口，或身子悬空，手脚攀扶在门槛上。联大全校的同学有多少，我可不清楚，不过到会的人，起码在二千以上。会场是闹哄哄的。一眼望去，只见到黑压压的人头，到会的人，除了联大，云大，中法等同学外，外界关心民主团结的人士也不少。

七时一刻，自治会主席报告了开会的意义后，就开始分题演讲。第一个讲题是曾昭抡教授的《军队统一问题》。

披着杏皮色呢大褂，身型瘦长，头发有点稀疏的曾教授，在爆竹一样的掌声中，开始演讲。他说明了军队统一问题，也就是军队国家化的问题。目前的军队统一问题，在乎有两支独立的军队。跟着，他用国共双方自己发表的数字，说明这两支军队实力的对比，并说明军队统一与抗战前途的关系。他把国共双方对军队统一所采取的态度和立场客观的介绍出来，例如有些人要武力解决哪。有些人认为把另一支军队交给国民政府的军委会，就算军权统一哪。有些人主张三人委员会，有些人主张，先组织联合政府，联合统帅部，再谈军权统一。最后，他说，武力解决是要不得的，这只有削弱抗战力量，增加人民的痛苦。军队统一问题，是个政治问题。政治上的问题不解决，军队统一问题，恐怕只能谈谈而已。

曾教授演讲的声调是柔和而清楚的，对每一件事实，都客观的介绍出来，很少渗杂自己的意见。到会的人都是受着高深教育的人，真理在什么地方，难道他们不还心中了了吗?

掌声，热烘烘的掌声，把矮个子咬着烟斗的吴晗教授迎上讲坛。第二个分题演讲开始了。题目是《团结问题》。

吴晗教授演讲内容，大约可分五点：一、团结与统一并不是对立的。有些人认为团结破坏统一是错误的。只有民主团结，才能有真正的统一。用统一的帽子来压倒团结，结果就得不到团结。二、目前国内团结问题的焦点，是政令军令的统一,一方面要另一方面先交出军权，一方面却要先开放政权，谁也不肯让先，结果到今天团结问题还成为僵局。三、希望各党派都应该看重人民的力量，顾及绝大多数人民的利益。因为目前中国除了几个政党的党员总数外，人民还是占全国人口的百分之九十以上的。四、目前团结问题，只有通过各党各派、无党无派的联合政权才能解决。有些人认为联合政权会再来“训政”一番，那是错误的，将来是人民训政府，而不是政府训人民。五、批判了“分赃”与“浑水摸鱼”的谬论。后他说，如果政权是鱼，那么每一个人民，都应该去摸“鱼”。如果把自己关在书房里自鸣清高，那不是顺民，就是奴才，不配做未来民主中国的公民。

吴晗教授演讲的声调，是充满着热情的，像暴风雨一样使人感到痛快。但，他的演说中并不缺乏幽默与绝妙的比喻，于是，会场中，不时爆发出像春雷一样的笑语和掌声。

穿着大衣西装，有点美国绅士风度的王赣愚教授，在一阵充满着热情的掌声中登上讲坛，第三个演讲《国民大会与政党》开始了。王教授是教政治的，在这个演讲中，他把国民大会的组织法，选举法中值得商榷的地方，都“如数家珍”的讲出来了。他说，国民大会最好能名符其实的由全国人民代表参加，在目前大半个中国尚未获得解放以前，召开国民大会，所能收得的效果是值得思考的。法国在解放后，始举行大选，就是这个道理。为了解决当前国内团结与配合盟军在华登陆的迫切需要，最好能够有一个临时的权力机构。将来，全中国获得解放后，再由这个机构召集国民大会。这样机会走上宪政的坦途，达到“还政于民”底目的。

王教授演讲的声音，比曾、吴两教授的声音小些，所以他演讲时，大家都特别肃静的听着。他的演讲颇富于幽默感，且往往能临近取譬，使大家能立即明白那些艰深繁复的组织法与条例。

张奚若教授因事不能出席，《国民大会的特质》这讲题，由曾昭抡教授略加以讲述。

曾教授讲完以后，由长胡子的闻一多教授，将各教授的演讲加以总结。他因为病愈不久，所以说起话来有点吃力。他本来在这个时候要稍为休养一下的，但，他对于民主团结的热诚，使他把健康丢在脑后，鼓起精神出席这个晚会。

他做了总结后，用他那透过眼镜的恳挚目光望着大家，他说，抗战初期，有些人把抗战建国截开两段，认为学生的任务是埋头书堆，准备做“建国人材”。抗战大可不管。事实证明他们的看法是错误的，前一些时候政府不是鼓励学生从军吗？所以，目前的学生，不止应该埋头苦干，更应该抬起头来，挺起胸膛，注视现实，关心民主团结，用大家的力量去促进民主团结的实现。

闻教授的声音虽然那末小，但，他这番语重心长的启示，使不少同学低下头来，紧张的看看自己的手，陷入沉思的境界。

时间已经不早了，晚会在震耳的掌声中圆满结束。这时候，窗外沐浴在一片清冷的月色中，好些同学，甚至平时很斯文的女同学，还紧紧用她们的手攀扶着窗棂，不愿意立即跳下来。仿佛有一种什么力量，使她们忘记了攀扶与站了两个多钟头的疲倦，又仿佛有一种什么东西吸引着她们，使她们不忍散去。

选自《民主周刊·增刊》一九四五年第二期

// 一九四四年“五四”在联大

本报特约记者

（昆明通讯）西南联大为纪念“五四”运动，特于是日休假一日，并举行座谈会，演讲会及体育表演等，情况至为热烈。

历史学会于先一日（三日）晚七时假昆北北食堂举行座谈会，讨论“五四运动的历史认识”，除分（一）五四运动之历史追忆，（二）五四运动的具体内容，（三）今日青年对五四应有的认识外，并分详细细目。参加者数百人，由张奚若、周炳琳、雷海宗、闻一多、潘光旦等十余教授出席指导。席间各同学自由发表对“今日青年运动之特点”及“我们应从五四学得些什么”等意见，并提出问题请教授解答。会场空气之热烈，同学情绪之激奋，为前所罕见。故临时延长时间，至夜深十二时节始行毕会。

由早至晚　情绪热烈

四日晨八时于大阅览室内举行国民月会，梅校委报告该会双重意义：一为五月份国民月会，一为纪念五四，勖勉学生牢记“国家兴亡，匹夫有责”一语，请亲身参加五四运动之周炳琳教授，报告五四运动经过。

会毕举行体育部与训导处合办之春季运动会，及“金刚”体育会举行之五四运动体育表演，计有各项球类比赛，骑象角力，拔河比赛，夺旗比赛等。当时虽细雨纷飞，然仍照常举行，观众如堵。各项运动，非但不为之减色，反愈显格外有力。运动员均混身泥水，别有一番乐趣。

下午二时自由论坛社假昆北教室，请曾昭抡教授讲《中国科学化运动》，对中国五四运动后之科学运动作一扼要叙述。

“悠悠”体育会举办之营火大会，晚七时在昆北大操场举行各项游艺表演，烈焰腾空，锣鼓喧天，直至十时余始尽兴而散。

最精采者为是日该校各壁报均特出纪念专刊，计有十六种，挂满南北两区墙壁上，图文并茂，琳琅满目。各壁报不约而同，均一致热烈发出“要民主政治”，“要言论自由”之呼声。

联大中文学系举行文艺晚会

联大文艺壁报社为纪念“五四”，原定是日假南区十号教室举行文艺晚会，临时因故流会。该校中文系为酬答爱好文艺同学热忱，复由闻一多，罗莘田两教授发起，于八日晚七时在新校舍图书馆前大广场上，重新举行。到文学院教授十余人及该校同学及外界来宾二千余人。

灯光辉煌，皓月当空，自由活泼之空气弥漫场内。首由罗莘田氏致开会词，报告该会在露天举行之三点意义。词毕，即继续讲演，题为《五四前后新旧文体的辩争》。罗氏将民六至民十一中间之文学革命派与旧势力之反革命派争辩之经过情形，做一简略叙述后，即由冯至讲《新文艺中诗歌的收获》，朱自清讲《新文艺中散文的收获》，孙毓棠讲《谈现代中国戏剧》，沈从文讲《五四以来小说的发展及其与社会之关系》，卞之琳讲《新文艺与西洋文学的关系》，闻家驷讲《中国之新诗与法国象征主义的关系》，李广田讲《新文艺中杂文的收获》；闻一多讲《新文艺与中国文学遗产》，杨振声讲《新文艺的前途》。各教授对各专题均有简明之叙述，听众莫不兴高采烈，静心聆讲。

最后由闻一多作跋，希望今后在联大能有更多之座谈会及讨论会，并建议利用杨振声渡美之便，用当日晚会之名义，向于今硕果仅存的新文学领导者胡适之先生转致敬意，并报告晚会盛况。至十一时许始行散会。

选自《燕京新闻》一九四四年五月十二日第三版

//　“五四”断想

闻一多

旧的悠悠死去，新的悠悠生出，不慌不忙，一个跟一个，——这是演化。

新的已经来到，旧的还不肯去，新的急了，把旧的挤掉，——这是革命。

挤是发展受到阻碍时必然的现象，而新的必然是发展的，能发展的必然是新的，所以青年永远是革命的，革命永远是青年的。

新的日日壮健着（量的增长），旧的日日衰老着（量的减耗），壮健的挤着衰老的，没有挤不掉的。所以革命永远是成功的。

革命成功了，新的变成旧的，又一批新的上来了。旧的停下来拦住去路，说：“我是赶过路程来的，我的血汗不能白流，我该歇下来舒服舒服。”新的说：“你的舒服就是我的痛苦，你耽误了我的路程”，又把他挤掉，……如此，武戏接二连三的演下去，于是革命似乎永远“尚未成功”。

让曾经新过来的旧的，不要只珍惜自己的过去，多多体念别人的将来，自己腰酸腿痛，拖不动了，就赶紧让。“功成身退”，不正是光荣吗？“后生可畏，焉知来者之不如今也！”这也是古训啊！

其实青年并非永远是革命的，“青年永远是革命的”这定理，只在“老年永远是不肯让路的”这前提下才能成立。

革命也不能永远“尚未成功”。几时旧的知趣了，到时就功成身退，不致阻碍了新的发展，革命便成功了。

旧的悠悠退去，新的悠悠上来，一个跟一个，不慌不忙。那天历史走上了演化的常轨，就不再需要变态的革命了。

但目前，我们还要用“挤”来争取“悠悠”，用革命来争取演化。“悠悠”是目的，“挤”是达到目的的手段。

于是又想到变与乱的问题。变是悠悠的演化，乱是挤来挤去的革命。若要不乱挤，就只得悠悠的变。若是该变而不变，那只有挤得你变了。

子在川上，曰：“逝者如斯夫，不舍昼夜！”古训也发挥了变的原理。

选自《联大悠悠体育会周年·五四纪念特刊》，一九四五年五月出版

// 昆明各大学“七七”晚会记

衍 冷

黑压压的天空，使人真实感到有点渺小：藕断丝连的溪雨，简直令人觉得快要发霉，人们都这样的想！说有一阵大雷雨来了吧？

古老而阴森森的至公堂，在平时看不着一只鬼影的，可今晚，时间虽还不到六点，早就挤得满满的了，门口，贴着一张耀目的大红条，上面写着：“昆明各大学联合主办：七七晚会的场址”几个黑字，屋子里，稀疏的挂着数盏电灯，照在那些无数的期待的脸孔上，更显得格外的哀怨和烦闷，然而，它毕竟照亮了人们的心，照亮每个人的心。

八时了，这个昆明各大学空前大联合的盛会，终于在掌声的催促下开始，为着纪念死亡殉难的战士们，主席宣布其有意义的三分钟的默哀之后，便由主席指定的教授们发言。

第一炮是由云大的司徒尹衡教授点开，他对七年抗战以来的国际情势分析为三阶段。首先，外人对于中国的抗战根本有一种蔑视，他认为对像中国这样的弱国去对强大如日本反抗，无疑地是可笑亦复可怜的，到武汉会战以后，由于事实上的证明，使外人对中日战争的态度改变了。他们知道中国也是可以打仗，也是可以团结的。于是渐渐生了同情的念头：从而少量的帮助也开始了，一九四〇年十二月八日，太平洋战事掀起，英美也被迫对日作战。为着目标的同一，他们积极对中国的援助，于是见诸事实。直到现在，大家更站在一条战线上共同争取胜利。

邵循正教授继司徒先生指出了“七七抗战”的意义。他说：“‘七七’不是一个国耻，相反地正是中国的新生；它不光是一个民族解放战争。而且也是民主和法西斯的斗争，如果认为中国的胜利就是‘七七抗战’使命的完成，那是错误的。只有在全世界法西斯被消灭的时候，才可以说中国的抗战是胜利了。”

虽然年纪不算太小了，可声音仍雄壮撩人的蔡维藩教授，早就享有欧洲问题专家的盛举了，因此主席特请他对国际各战场的当前的局势作一蠡测。蔡先生的结论很乐观，他认为西方的德国，自第二战场开辟后，就有受五面包围的危险。这五路：一面是东线的苏联，一面是西线的英美。第三路是意大利战场，还有第四路是苏联可由北方直捣柏林，至第五路则是空中战场。讲到日本，蔡先生适时指出目前的小竺原群岛方面的战事，正是倭寇的丧钟，如果它在这里失败了，它的土地将要被割变为不相连的三块，而其本土，更有随时被占的可能，不过在战争中运输常是一个决定的因素。因此，如若加速法西斯的灭亡，同盟国必须加强自己的运输。蔡先生在结尾又替一般人解了一个谜。他说："苏日关系，不光是苏日两国间的问题，而是整个同盟国与法西斯间的问题。了解了这点，自然对苏日为什么而今不曾开仗这个谜言谁破的。"

担任说明经济情势的，是统计学权威的杨西孟教授和伍启元教授。杨先生的个子不大有女孩子气，但说起话来却嘿嘿动听。他首先指出物价高涨的根本原因，不是官方所谓的物价，而是无限制的通货膨胀。目前的通货膨胀，客气点说，至少也不远战前的一百倍以上。通货膨胀的倍数，并不就是物价高涨的倍数，中于流通迅速的加快，和银行信用的扩充，前者最低限度可使后者高涨了二百倍以至二百倍以上，每月增发百分之十的钞票，一年就可增加一倍以上，照这样下去，中国无产地是或因之而崩溃的，有人拿通货膨胀停止，则战费将无法筹措来堵塞一般人的口，杨先生以为这不是别有用心，他是蠢才。他指出今日中国的战绩，其中国民所得仅占百分之三，但英美日等国，早就达百分之六十以上，所以，只要把国民所得负担战费的成分提高至百分之二十三到三十，战费问题不就是解决了么？到此，杨先生沉痛地说："今日的中国，是有钱人赚钱而不是有钱人出钱。"（掌声）

有钱人为什么不出钱？杨先生说："他就有力量可以不出钱。"（大笑）末了，杨先生提供了一个值得注意的事实。他说：

“为什么直到现在，中国还没有因为通货膨胀而趋崩溃？是我们应不要忘记完全是农民们的力量。农民们由兵役补充了抗战的队伍，也由征食献出了他们的血汗。没有他们的粮食的补助，中国财政怕早就到山穷水尽的地步了。”

伍启元教授特别强调分配问题的重要。他从三方面来说明它：第一，从抗建方面看：假如分配问题不解决，抗战将不可能。其次，从国内政治的情形论：由分配的不公平，要想在战后有一二十年的和平，是绝不能的事，（掌声）人民能有饿肚子，甚至不能生活而不反抗的么？（掌声四起）这是可能的事么？（掌声良久不绝）第三，从国际方面看：中国的抗战不仅直接地引起了法西斯和民主的斗争，而且间接地更促成了十九世纪资本主义的溃灭。我们今是名义上之挤于四强之列，但我们衷心不感自羞愧么？要使它名乎其实，我们必须从分配问题做起。

云大政治系的潘大逵教授，素以敢言自称。因此，一等到主席请他对政治问题发言时，他就感慨多端的说：中国政治的黑暗固是太多了。拿事实做证吧！光六月八号的《前方日报》，就载有贪污案六起。前些天，昆明又有什么守“法”运动。其实，人还有什么不守“法”的呢？人民畏枪毙，怕坐牢，早就视“法”如神了。要守法的，恐怕倒是那些官吏，尤其是大官们吧！（掌声）到此，潘先生更大胆的说：“今日的中国是不民主的。”（掌声四起）青年们应该加紧争取民主，争取自由，不要吝惜任何的牺牲。他发出如此呼吁了。

罗隆基先生是以一个实际政治的专家资格而参加的。他举了孟德斯鸠一句话做引子："我不相信战争失败是一个覆亡的原因，我要寻求战争究竟为什么会失败？"中国为什么会一直在吃败仗呢？罗先生以为完全是因为政治上的不民主。谈到民主，他指出五个起码条件：（一）法治：它兼含法的来源的问题。这个法，指的是人民立的法，不是政府的"法令"。或某人的"手令"。（二）民意政治：政府必须对人民代表机关负责。（三）言论自由：罗先生说，他不明白各地的茶馆饭店里，为什么到处贴满了"莫谈国事"的红字条，其实，言论自由是民主的一种辉煌表征。（四）地方自治：这是民主政治的一个原则。（五）多党政治：政府必须承认各党派的合法存在，谁也不能高过谁，谁也不能压迫谁。

社会学教授潘光旦指出了一种普遍的社会病态——避躲。他说："许多人都拿'研究学术''备建国之材'一类做幌子，做着逃避现实，逃避抗战的勾当。其实，这是要不得的，而今绝不是'躲'的时代！我们必须要追求光明打倒'黑暗'。"（掌声）

闻一多教授，由于多年来一般的苦痛的经验，说出了在场的也是场外的共同的心声。他说："在今日谈纯粹学术，我真有点莫名其妙，天晓得，在吃饭吃不饱，要看的书不能买的情势下，还能做出什么样的学术研究来？（掌声大起，继而是一阵哀痛的沉默）我们应该想想，当日的抗战是怎样才被掀起来的？它不是由千千万万的青年们闹起来的吗？而今，不幸得很，战事正走着失败的方向，大多数的人们都在等待胜利，他们满以为总有一天，胜利会自然落到他们的头上，‘可怕的冷静’，正笼罩着整个的中国。但我们青年们能眼见这种事实而不震惊吗？不！绝对不能！我们应该再来一次（顿）‘关’！”（掌声雷动历久不绝）

天空是一片的漆黑，但在东方却现出了不常的白光，听众们带着一种沉重的，愤怨的情绪，默默地走向回程，他们的衷心，都在这样地想：总有一天，中国会由这个的白光享为完全的没有任何光明的。

选自《青年园地》一九四四年第一卷第六期

// 昆明短简：记一个时事晚会

黎　平

西南联大一九四五级经济系于十月三十一日举行了一个“校庆前夕时事晚会”。

天还没有黑，离开会还有两个钟头，会场中已无虚席。像过去的几个晚会一样，有许多人是从很远的地方赶来，有公务员，也有中学生。他们有的是请假来的，也有是牺牲了晚餐赶来抢位子的。他们是饥渴的，需要真正的人民声音的慰藉；他们是苦闷的，需要大胆的指示。

在今天沉闷的日子里，热爱自由的人们都一致地要求瞭解摆在眼前的危急局面。这个晚会也便是如此地由于大家的要求而举办。今日的局面正如周炳琳先生所说一样：“国事令人忧心忡忡……”这话是沉重地打进人们的心，他们以鼓掌来表示内心的共鸣。

蔡维藩先生在他的《战局大势的分析》中指出早在东条

的发言人声言："要以一切可能的力量击溃中国"时，他曾著文《日寇的狂言》，警告国人防备敌人向西南进攻；但是，该文被认为"危言耸听"，不能通过。"可是如今呢？"言下不胜感慨。最后，他坚决地说："今天中国不是不能胜利，而不能坐待胜利，要跟盟军一同胜利！"

接着，伍启元先生讲《中国当前的经济危机》。他以热情的声调告诉我们，当前的经济危机具体地表现在：一，官兵待遇太低。"士兵的食粮最多是使他们饿不死，如何能谈到作战呢？"二，行政效率减低，"因为公务员待遇太低，又怎么使他们不舞弊呢？"三，社会分配不平而"结果造成全国意志不能协调"。"这一切都直接影响作战的力量。所以，中国要打开眼前的危局，关键便在能否克服经济的危机。这不仅关系抗战的前途，而且决定建国的成败。经济问题不解决，中国永远不能统一。"

杨西孟先生在《物价与财政问题》一题中也有同样的看法。他说："大致每年物价是增加三倍，而国家预算仅增两倍，结果便是政府的开支缩减，而引起种种的弊端。""所以要解决军队问题，便要同时解决财政问题。""战争在表面上所看到的是人力，而实际上是经济的力量。""要把经济这个门打开，战事才有办法"！在掌声中，结束了他的演讲。

这时已九点。迟来没有座位的人们仍旧团团地把会场围着。攀在窗户上的听众也好像忘记了疲劳与危险。这里是一千的青年，为着同一对象而苦恼，他们专心地倾听着他们所尊敬的教授们对当前的问题的解说。

最后，是历史教授孙毓棠先生讲《旧传统与新中国》。可说是这个晚会的结论。他说："二千年来的旧传统压在我们的身上是太重了！""我们如果不把它摔掉，中国永远没有出路。"他指出"旧传统是一个有机的整体"，其中包括：一，士大夫阶级。表现于官僚政治便是"贪赃枉法，蛮狠不讲理"。二，……（从略）三，以农业为主的生产方式。四，在这旧传统中培育出来的文学、伦理、道德、人生观、世界观等。"今日如果只谈民主而不谈社会的改革，这不是真正的民主，全民的民主，而实际是士大夫阶级所垄断的政治。""今日中国如果只喊工业化的口号，而不打倒旧的传统，工业化又何用？因为那只是少数人垄断的工业"。

"新中国应该是公平的。"这是晚会上大家一致的认识与要求。

夜是根深了，人们带着同一的认识离开了会场。

十一月一日寄自昆明

选自《国讯》一九四四年第三百八十期

// 昆明的青年怎样纪念自己的节日

黎 平

“自春天来后，昆明是一天一天改变了。”这是由沦陷区来的青年所格外深切感到的。

也就是在这个春天里，昆明的文化界、妇女界，接着青年学生们（联大、云大、中法）相继地发表了对国是的意见与对民主的期望。日子不再像以前那么沉闷，人们的心也开朗了。春天的阳光射到人们久被压抑的心，使每一个人都感到了希望的鼓舞，尤其青年是更加活跃了。

现在，已经是初夏了。由于春天留下来的激动，在青年的心中生了花，四月的日历还没有撕完，他们已忍耐不住似的。他们盼望日子过快一点，让五月快点到来，让“五四”这一天快点到临。他们是早就下了决心，不顾一切的困难与阻碍来热烈地纪念“五四”。想到要到来的伟大的节日，青年的心激动了。

由四月三十日起，这里的青年便开始了“五四周”的种种活动。

那一天，在联大有自治会主办的科学晚会。赛先生赶来参加“五四”，到会同学有一千余人，会场拥挤不堪。由李继侗、华罗庚、潘光旦、袁复礼、王竹溪、马大犹、黄子卿等教授演讲。潘光旦教授讲《一个精神两个方面》。他指出了：“科学与民主是一贯的，不可分的，科学与民主有仝一个精神：就是求客观。”“科学家不要只守着自己的科学家的岗位。岗位人人有，但不止有一个，我们还有国民的岗位，这岗位比科学家的岗位大得多……”“这几年来（被删二十二字），官办的教育，只有技术，不要科学精神，叫大家钻到实验室、图书馆里去（被删十二字），我们现在要提倡这个科学精神。这样真的科学才能建立起来。真的民主才能够实现。”

…………

到五一，便有歌咏晚会在云大至公堂举行。参加表演的团体有昆明、青友、青年、海啸、五月等歌咏团。最难得的是新近来昆的新中国剧艺社也来参加。“至公堂平日冷冷清清，今晚分外热闹。内间挤得水泄不通，外面连树枝上都坐满了人。”在开会时，全体齐唱哀惋、悲壮的《五月的鲜花》。接着一个一个节目来了。歌音冲破黑暗，震动了人们的心。他们唱出了郁存在人们心中的苦闷，唱出了人们的希望，唱出了人们的爱与恨。其中以新中国剧艺社的节目最精彩，每一个节目完了，会场中欢声雷动，掌声如雨，大家热烈地要求：“再来，再来！”尤其是《凭良心》一曲更深深地激动了听众的心。在那晚上，民歌最受欢迎，这是值得注意的。五月合唱团的《黄河大合唱》动员了大中小学生二百余人，如此大规模的合唱在昆明大约还是创举吧。最后，在高唱《义勇军进行曲》声中结束了这个晚会。

离“五四”只有两天了。学生愈忙也愈有劲。五四访问团到处奔跑，访问参加五四运动的教授。联大自治会发出了五四简报，报道各方面活动的情形。“五四”的到来使全昆明的青年活跃起来，学校里的壁报像雨后的春笋，单是在联大，除了八万字的联合版外，还出了三十张左右的壁报来迎接这伟大的节日。在云大、中法、英专也一样的热烈，中华职业教育社，西南中山中学，云大附中等也都出了“五四”专刊，学生们日而继夜地紧张的工作着。

五一在联大便有新诗社主办的诗歌朗颂晚会。老诗人闻一多朗颂了《大堰河》，接着年青的诗人们用结实粗壮的声调朗颂了许多诗篇。这时代就是诗，他们朗颂出了时代的精神。

…………

记得，半年前，黔滇战事发生时，这里的青年在惊慌中暴露了许多缺点：散漫，无组织……可是只有半年的时间，他们是团结起来，组织起来了，他们的步骤渐渐一致。在每一个晚会中，我们都可见到他们的组织力量与那背后的团结。（被删二十九字）在这期中，大光明、南屏、昆明三大电影院于五三、五四两天免费招待联大同学，但是，同学们“要严肃的纪念五四”，各系会，学会，各壁报都一致呼吁同学拒绝观影。（被删一百四十字）于是，有同学主张把票子送给士兵与贫民。……五三的时事晚会在联大举行时，是空前的热烈。这个晚上是检讨“五四”以来的中国青年运动。由联大历史学会主办。参加指导的有闻一多，吴晗，潘光旦，曾昭抡等教授。在这个晚会中，不仅有学生站起来发表意见，要求行动，主张把民主运动扩达到校外去。就是职业青年，工人也都说话了。一个铁工厂的工人到台上，简单扼要的叙述了工人境遇后，便要求“大学生不要忘记了我们，希望大家到工厂里来教育我们，组织我们”。学生们用热烈的呼喊与掌声回答了他们。那时，某报记者便说：“我们应该先把理论弄清楚，然后再谈行动。”同学回答他们：“这几年的痛苦经验已够告诉我们应该怎样行动。”现在，他们要行动起来纪念今年的“五四”，不再像去年那么沉默了。他们认为“民主堡垒不是乌龟壳”，他们“要把民主堡垒变为民主坦克”，冲出去，到街上游行去！他们说：“要在明天闹得天翻地覆，向全世界的人广播我们的行动！”

“五四”来了。

这一天早晨，联大开国民月会，但是学生要准备参加自己的纪念会。学校当局没有办法，只好喊两位工友，执着一块招牌，打着铃，到处跑，喊同学去开会。

可是，在球场那边围着一群青年，啦啦队呐喊，人们的奔跑，到处都洋溢着快乐的空气与青年的活力。

五四特刊发出来，很快便卖完了。

这是阴天。下午在云大的操场上坐满了年青人。他们在雨中举行五四纪念会。吴晗与潘大逵教授演讲后，雨愈下愈大了，虽然外面有许多人陆续地赶来参加，但是，会场的一角开始溃散了。闻一多教授上台（被删三十三字）便大声疾呼："有血气的青年不怕雨，靠拢来。"像命令一样，走散的人又回来了。大会继续进行着，并通过了昆明各大学校学生自治会联合举办"五四"纪念大会通电。

雨还在下着，但是青年的队伍已向市街流去了。六千青年的心联结在一起，联结成一道长城，一支铁的队伍，在行进，在呼喊，在歌唱。昆明城震动了，全昆明的人心都动荡起来了。街上的交通断绝了，站在街旁的市民，他们伸手来要传单口号，他们用同情的眼光送着队伍行进。游行队伍每到一个学校，在掌声中，许多青年学生放下了书，投奔队伍里来。队伍愈走愈长，青年的队伍在行进中壮大了。

他们沿途喊口号，歌唱《义勇军进行曲》，写标语，发传单，到傍晚才又回到云大的操场。在那里，他们通过了组织昆明学生联合会的案议。青年歌声雷动，他们为团结与组织欢呼。

晚上，在联大的广场上，二千的青年与数十教授及盟友聚餐。一切的集体行动都是增进着团结，这里的青年在"五四"的大旗下团结、组织起来了。

五五那一天，在联大有文学晚会。由中华全国文艺抗敌协会昆明分会与联大国文学会，外国语文学会，文艺社，冬青社，云大文史学会，中法文史学会七大文艺团体合办。出席的有闻一多，李何林，周刚鸣，冯至，李广田，朱自清，卞之琳等，会场照例是拥挤不堪的，到十二点左右才散会。

昆明的青年是这样热烈地纪念自己的节日，是这样地向世界广播了他们的行动！

五七寄自昆明

选自《国讯》一九四五年第三九三期

// 民主的堡垒

郭 琪

今年十一月一日，是联大最后一次校庆，联大学生自治会发动了全校各团体共同来热烈庆祝，围绕着十一月一日这一天，有一周的纪念节目。

先是学生自治会在十月廿七日举行了茶会，招待昆明各学校的代表，作为这一周校庆纪念的序幕。

校庆周自十月廿九日（星期一）开始，那天晚上有新诗社的诗歌朗诵晚会，在大会上，何其芳《夜歌》受到了普遍的欢迎。其他又朗诵了《自画像》，《太阳》，《春天》，《风火大联欢》等几十首新诗。

第二天晚上《高声唱》歌咏队主办了一个音乐晚会，参加的歌咏团体，除了联大自己的《高声唱》和附小的小歌咏队以外，还有《海啸》，《昆明》，《青年》，《青友》，《中苏》等歌咏团。将近四十个歌曲中从《胜利之歌》，到七个歌咏团大合唱的《我们反对这个》，都是非常现实的题材，唱出了人民真正的要求和呼吁。

夹杂在歌咏中的有两个甚为精彩的舞蹈:《希特勒还未死》和《饥饿的农人》。

十月三十一日晚上学生会学艺部举行了一个《八年来的联大》检讨会。继雷海宗先生报告《联大校史》之后，吴教授指出了联大所以能集合北大的自由，清华的谨严，南开的活泼这三种不同的风格，几年来，不但没有发生冲突，反而大家精诚合作，独树学术自由的旗帜，不屈服于外界的压力，战胜八年来的种种困难，完全由于联大有着战斗的，团结的，民主的精神缘故。同时他指出了联大同学经过抗战生活困苦的锻炼，更深的了解了中国人民的痛苦，八年来大家变得更扎实，意志更坚强了。此次联大不但在学术上，且应在民主运动上，作为全国人民的先锋。

王赣愚和闻一多两位先生，在讲及《教授生活》的时候，不约而同的撇开物质生活专讲精神生活。他们不愿为物质生活的低劣而叫苦，却因联大有学术自由而感到安慰。在极穷困的日子里，坚守着联大的岗位，不愿有所转移，闻一多先生更指出联大教授仅仅是一个民主“堡垒”，“堡垒”是保守的，因此还不够，还要冲锋。

校庆日是最热闹的一天，早上十点钟校方举行庆祝会，梅校委在会上报告八年联大苦斗的经过。大家并在大会上瞻仰了新校委傅斯年的丰采。下午四时校方茶会上招待校友及各界名流。

在大阅览室里挂起了北大清华南开三校的旗帜，还有三校在北平的校舍以及长沙昆明沿途的照片。在南区十号阳光美术社举行了木炭，水彩，钢笔和油画的展览。在操场上，有悠悠体育会，铁马体育会，以及各中学校友会，各院系级，教职员，女同学组成的球队，作各种时类与拔河比赛。在民主墙上，从这边到那边，挂满了特地赶出的壁报，《现实》，《学习》，《生活》，《冬青》，《黑白》，《阳光》，《文艺》，《拓荒》，《习与作》，《南苑》，《剧艺》，《高声唱》等十几种，五光十色，琳琅满目。大多数壁报的论点集中在反对内战上。他们喊出："人民用血和泪换来的权利，不是用来哺养内战的！""政府一面自己签订条文，不付诸实施，一面却指责中共无信；一面声言惩办敌伪，一面却整编敌伪大打内战。"《阳光壁报》也画出反对内战的漫画。

晚上，在大阅览室面前的广场上，三千多人围绕着一圈熊熊的火，在火光照耀中，不断扬起欢呼，鼓掌和啦啦的声音，这就是工学院所主办的营火会。十一月二日有悠悠体育会主办电影晚会。

从三日到六日四个晚上，在东会堂里，久已沉默的剧艺社，把《风雨夜归人》呈现在数千个观众之前。由于每个演员演技的纯熟，这次演出获得了极大的成功。

选自《民众周刊》一九四五年第一卷第九期；又于一九四五年十一月二十一日以《民主的堡垒：联大校庆记》署名"舒君"在《新华日报》发表

// 昆明通讯

潘大逵

大杰兄：

最近看到《平论》，又接到你的信，真是高兴极了。一别七年，不通音问，我时常想念你，时常探听你的消息，忽然接到手书，怎么不叫人欢喜呢！你叫我为《平论》写文章，自应遵命。但年来弟虽常作公开演讲，而动笔之兴趣，则大不佳。因为讲演不受检查，兴到之处，可以说个痛快。而作文写稿，常遭删减和扣留。一年半前，我与潘光旦罗隆基诸兄在此创办《民主周刊》，第一期即有弟所写的主张改组政府的文字被扣，去年二月，弟又曾作文论国民大会，亦遭受同样之命运。而我当日所谈者，比起这次政治协商会议诸代表所谈者，不知要温和多少倍，其命运如此，岂非奇事。从此至今，弟即搁笔。故《民主周刊》，现已出了两卷，我仅写了三篇文章，为其他报纸杂志所写者，数年来亦不过七八篇不关痛痒的敷衍文字而已。现刊载文章，虽较前自由了不少，而我的堕性，老兄本是深知的，并且这种堕性比从前更要厉害，这原因我自己也弄不明白，因此你叫我写文章，真有点惶恐。不过无论如何，我是要试一试的。一写好就寄给你。

讲演虽较开放，但如主张公道正义，言辞稍有露骨之处，很容易影响职业，有时候甚至于影响生命。即如弟在去年十二月二十五晚上在西南联大讲演《如何制止内战》后，在返舍途中，遭暴徒之狙击。幸弟机警，只受了几处轻微的伤。这样看来，可知讲演也不容易。比起作文略有不同之处，一在事前须受检查，一在事后要遭殃耳。

弟于廿七年离开上海到成都，在各大学教书和及其他政治职务，后因为争取民主宪政，因此党政当局，对我不满，并给我种种压迫，我只好离开四川，到昆明来教书。因为昆明在当日空气较为自由，生活程度则高得可怕。我困居昆明四年多，虽日日为饥寒所苦，但对争取民主的努力，则始终未息，这一点总算对得起老朋友了。近日政治协商会议开会时，民主同盟代表团，邀请昆明教授张奚若钱端升及弟等数人为顾问，但以弟等观察，此会不论其形式的决议如何，前途仍有无穷的困难。兄在《平论》所发表的意见，我都赞同。

昆明学潮在多方压力下已告结束，复课又一月余了。除了关李调开昆明以外，并没有其他的好结果。死伤数十人，罢课三十几天的代价，不过如此。争民主，争和平，真不容易。本学年结束后，我想到上海来，那时候我们又可痛快地谈痛快地玩了。

选自《平论》半月刊一九四五年第十一期

// 联大的民主

扬 子

西南联大组织机构是非常特别的：没有校长，代替校长的是校务委员会。校务委员会有三个委员，由以前北大，南开，清华三间大学的校长分别担任，但最高权力机关并不是校务委员会，而是教授会议——全校教授们济济一堂的会议。教授会议决定学校的行政方针，教育计划和各院处的负责人选。教务长，训育长，总务长是由教授会议选举出来的，各学院院长、各系系主任也是教授会议选出。这些选出的负责人，如不称职，教授会议可以随时罢免他，也只有教授会议才有权罢免他。新教授的聘用权是由各系系主任自己去物色，提出教授会议通过，然后交由校务委员会去聘请。对失职教授，教授会议有权把他解聘或开除（亦只有教授会议才有这个权）。这几年来，教授会议确实是运用过这个权力，开除了几个“政客教授”。

联大从来没有提倡过什么“尊师重道”，每个教授都只以他渊博的学问和崇高的品德来博得青年们的尊敬与爱护，却不是靠那一张等因奉此。所以师生间和气一团，非常融和，教授到馆子吃东西，一个不提防就会给学生结了数，而且并不知道是那个学生会钞。学生病了，有时教授夫人会出动来煮药。

联大的校历是按照联大的实际情形，由联大当局自行编订的。各系的课程是由各系主任按照实际的需要，客观的条件（本系的图书、仪器、师资），学生的要求而制定的。学分的计算和考试的办法，也自有联大一贯的优良传统，与别校不同。因此，联大样样都是自主的。教育部的《大学组织法》，《各系课程标准》，《大学校历》，《学分计算法》等等都限制不了他。联大自有他独特的传统的制度和风格。就因为这样所以联大这六七年来的六七届毕业同学，没有一届领得到正式的盖了教育部官印的毕业证书。证书虽早已由学校呈到教育部了，但教育部却迟迟不肯发下来。实际上呢，也是无法通过的，因为联大既然样样“违法”，毕业生又那能算得“正式”呢？

学校财政是完全公开的，谁都有随时检查校方财政的权利，谁也不能揩一个钱油。贷金因为依时发，所以也勉强赶得上物价，够吃饭，而这个“依时”，实在是几位校务委员在昆明四处奔跑，“周转”回来的结果。

同学们都是穷苦的多，所以大多数在校外兼职，学校了解同学们的苦衷，并没有禁止同学在校外任职。因此，昆明廿三间中学都充满着联大的同学。此外，是当译员，记者，家庭教师等。卖东西不算羞耻，为了肚子有什么办法？“珠绒男装大衣出让，有意者请到 × 舍 × 房洽商”，“八成新瑞士表出让……”，“× × 系参考书 × 本出让……”各式各样的拍卖招贴在校内可以时常发现，不经拍卖行，少一重剥削。也有征求的招贴，但多属书籍。

各种集会多在校园举行，就是十一月廿四晚举行时事晚会的那个大草坪。联大是从没训话和精神讲话之类的，因为只有真正的“学术”才能卖座。联大的学术讲座时常吸引到校外的许许多多人，使大草坪有时挤到七八千人。没有椅子，大家都习惯了盘地而坐。联大的演讲会又有一个规矩，从不强迫参加，而且听众出入自由，随时可以入场，随时可以退席。这个规矩就吓坏了许多不学无术的要人们，始终不敢到联大演讲。

壁报一向是没有检查的，校内保有完全的言论自由，联合政府的问题一年前就已经在校内的壁报上座谈会上公开讨论了。教授们会耐心地在壁报前站一两个钟头，然后在课室里郑重地提出他的意见。

最近，联大发生了一件有趣的事情：政治系主任张奚若先生，不特是一个学问渊博国际知名的政治学家，而且是同盟会的会员，一个民主的老战士。这次政治协商会议决定人选时，中共与民主同盟都推选张先生出来作为无党派的代表，但国民党不想张先生出席，所以硬说张先生是国民党员，理由就是他在四十年前参加过同盟会。张先生听到了这消息，非常愤怒，在报纸上登了一个启事道：“近有无耻之徒，谣言中伤，强调本人为国民党员，此实为对本人之绝大侮辱，兹特郑重声明……”

外国的报纸刊物，讲起联大来，总爱称他“民主堡垒”，这可说是“名符其实”的。几年来政治逆流的不断撞击，国内的大学一间跟着一间的陆续给湮没了。校长、院长换了，比较开明的肯公道讲话的教授被迫离校了，图书馆也给“清洁”过了，学生被缜密地审查过和有计划地清除了。和这同时进行的，是大批的党棍、政客、流氓、特务送入学校。——这其中只有一个例外：就是联大。

联大为什么能例外？这主要是因为他能始终保有着那光辉的民主传统。这首先是：学校组织机构的彻底民主化。廿多年来，面对着段祺瑞、章士钊、宋哲元一直至今天的李宗黄关麟征，一般德高望重的老教授是首当其冲地捍卫着这座堡垒。“学术至上，民主第一”，严拒一切什么党化，和法西斯管制的法令，严拒一切党棍、官僚、特务混进来。我们得感谢这班须长发白的老教授，他们才是真正的民主老战士呢，以他们权威的学术地位，和这非他的年龄所能相称的青年的勇气，迎战着一切逆流的侵袭，数十年如一日，为中国的文化教育事业，保持了一片净土。其次是联大同学对于光辉传统的最好的继承。从“五四”，“一二·九”，直至今天的“一二·一”，始终站在民主战线的最前列。在全国最黑暗最混乱的时候，他们仍苦撑那面民主的大旗，四年前是倒孔，今天是反对内战。最后，使反动派望而却步，拿他们无可奈何。再次是因为联大底国际地位。由于他的民主传统，学术地位与地理条件，联大的外国的关系是异常密切的。国际名人来中国，一定去拜访他，外国学者来讲学，最先到他们那里，外国书报到中国，首经过联大，外国记者每周定期访问他，联大同学教授每年都有几个到外国去讲学，公费留学，联大考取最多，昆明和印度的盟军译员，联大同学占多数。因此，联大的影响，联大的支持者可以说都是国际性的。因此，就使得反动派始终不敢放胆摧残他，怕“影响国际视听”，怕惹动了中国和友邦人民，因而影响到外国老板对他们底援助。

十二月廿九日

选自《华商报》一九四六年一月二十四日，本文又以《西南联大的民主》为题在《时代学生》一九四六年第一卷第十一期发表，但后者有删节

// 联大学生自治会实行了民主的普选

（昆明通讯）

在这动荡不定的时代里，那些为真理为民主工作的青年们，不少的受到了非难，受到了迫害，八年来的联大始终便在这样不景气的统制的势力下挣扎奋斗，他们忍受了经济和政治的重重压榨，一次比一次的表现了更英勇更壮烈的行动。在“一二·一”运动后的两个月，联大内部无形的分成了几个不同看法的团体，他们掀起了广泛的内战，从客观到主观，自战略到战术。通盘的检讨，他们虽免不了意气的争执和一己小圈子主义的既得利益的不愿轻易放手。但在这一个大前提之下，面对着一个强大的反动势力集团，他们容忍在团结对外的号召下，在民主的相互谅解的面里，通过了一个民主堡垒的领导机构的组织法。他们深受过去有特殊背景集团的专横，和罢课期局中所领受到的那些依据原来的自治会组织法所产生出来的理事们的懦怯与无能的表现。因此在某一些进步的同学提出建议后，在大多数同学全力支持之下，这个彻底的民主化的自治会组织法便在全体代表大会通过了，通过了普选的提案。

联大的普选在选举筹备会积极的展开工作之后，各系级候选人次第的产生了。候选人是依据每一系级人数比例推荐出来。他们的名额和自治会的代表人数相同，全体同学从推荐来的九十几位候选人中直接选举，产生十七人的理事会，这样直接选出来的理事会，完全算做一个行政机关。自治会代表大会则是立法机关，先前的行政机关——理事会是产生于立法机关——代表大会。只向代表大会负责执行通过的议案，它没有否决权。而现在则是由普选直接产生，所以它一面要向全体会员大会负责。而还要向代表大会负责并受代表大会经常代全体大会的职权的监督。但有一点不同，它能否决“代表大会”的决议案，必要时得召开全体会员大会。会员大会是最高权力机关。这个新制度，可以使产生理事会有权作事，且又须受到经常代表大会的约束。在这制度之下，监事会的职权似乎要比以前的减少，他只有监理代表大会的职权，但并不是没有监理理事会的职权。这样的组织，真算是实用了民主政治中纵横制衡的原则了。

当候选人名单粘贴在联大新舍门前时，同学们个别的，团体的，班级和同乡会的竞选言论便接连不断的出现在墙头，壁报也尽了他们最大的努力，把候选人的过往资历把他们计划广泛的介绍给选民，希望选民给予赞助和支持。也有候选人自己揭示了他自己的工作计划贴出来公开竞选。竞选在联大积极的热烈的展开，联大一时又呈现出“一二·一”运动初期生动的场面，普选这民主基本作风，初次在联大，在中国出现了。叫我们想到这该是新中国诞生的开始吧！

在这次选举里使我对于民主的原则得到启示。一个团体的决议能否实行，是要决定多数人意见的去向。所以我对于在选举达到高潮的阶段里，一种有计划的少数退出自治会的同学的阴谋，他们企图因此而使自治会瓦解，使选举不足法定人数而流产，使民主堡垒回复于散漫无组织的状态，这样消极的退出自治会，积极的进行破坏选举的行动，一经同学们的指摘与批评，他们的阴谋虽又重现，但仍然是彻底的失败。

在这一次联大的普选里，我们可以看到一件事实，那便是大家对于与自身福利有关的事项，莫不关心提起了对这事的兴趣，讨论到如何进行与选举有关的事项从选举的结果看来，全校一千七百多人。虽经了有组织的破坏阶段。但投票的仍有一一一七人，达到三分之二的选票，这证明了一件事：即是在有民主素养的环境里的人们，对于投票权之不轻易放弃说，使我们想到如果要使中国民主，实行到普选，则首先就应该确实地唤起人民的注意，对于筹办普选最重要的一点，就要把与人民日常生活有关系的各点详尽的告诉他们，解释清楚，而不要斤斤于理论的抽象的报导。在人民有了注意和观察认识的能力之后，他们能主动的选择他们认为合适的人而不以为苦，久之，人民也就习惯于民主的生活方式。

同时我还看出一件事，同学们对于所要选举的人并没有普遍的有深切的认识。在我们大学里的选举，仍然免不了像英美民主国家里一般的选民，从候选人的外表和声名去选择。因此，我们希望此后筹办普选的机关能尽量的收集候选人有关的事实介绍给全体选民之前，请选民能够多方面的认识每个候选人，好决定他的选票。不然从外表和名声去选择一个人往往有不大靠得住的。

在经过了如此纷乱的破坏企图之后，大多数同学所坚持的，所希望的新理事会已经产生，普选揭晓了，当选人的名单——冠上“荣誉”二字，代表了这选举的成功。在每一个人的心里掀起了亲切的微笑。今天我们怀着紧张悦悦的心情，希望这个经过全体直接普选产生出来的联大自治会，能负起全体同学所应付与他们的任务——烈士出殡、凶手惩办和学校北迁以及目前诸大小事务都能作为有力的表现。

三月廿五日

选自《民族·南方版》一九四六年第十期

昆明学运的成长

石立青

一　对地域成见的消除

当西南联大搬到昆明以及昆明附近若干城镇的时候，立刻就发生了一个很重要的裂痕，存在于外来人，和边地人之间。不可否认的，云南在战前是一个比较落后的边区，那里的民风朴实而纯朴，边疆人的性格尤极其刚直，这些原都是中国广大人民的美德，但在充满了优越感的自沿海地带迁来的知识份子的心目中，却充满了鄙夷的态度，加上后方物质设备简陋，对许多象牙塔中的京派人物及公子小姐们在早期都曾引致极大的不满。相对地，在本地人的心目中，则又深深地不满意于这批外表的狂傲和若干不自检点的举动，因此大约在一九三八至一九三九之间是双方敌对的高潮。

无疑地，这种敌对的态度不仅妨碍了民主工作的进行，连日常生活上的接近也到处感到不快。这就使联大圈子中的若干进步青年不能不正视这一不幸的现状。于是在一九四〇年的前后，开始出现了知识份子下乡的口号，通过旅行远足以及宣传抗战，和稍后对于空袭的服务等等方式，逐渐和下层人民接近了。（虽然这接近似乎直到最近还存在着一个严重的缺点，就是未能尽去优越感，始终是不过基于“同情”人民苦难的心情而在的。在彼此之间，不可否认的阶级的苦难还有形的无形的存在着。）

另一方面，是在敌机撤退之后，昆明的青年们在生活上走入窘境，需要半读半工了。本地人士为了提高子弟的程度，正在广泛地聘请家庭教师，这数目虽然有限，但他们突破了彼此的距离，打进了本地中上阶层的圈子里，由实际的接触，慢慢消除了过去的误会，奠定了后来信任联大和同情学运的基础。

这样，以联大学生作中心的昆明学生运动的第一重阻障，就这样的克服了。（自然，克服得不够彻底，这是有待于后来者继续努力的。）

二 地方与中央矛盾的统一

基于地域的成见，配合上知识份子在抗战初期激发出的幻想和热望，包括许多进步的份子在内，当年对于云南省的地方政权几乎都是满怀着愤怒和不平的，连那些云南本省若干开明的青年，为了不满于早期龙云及其集团的作为，也是倾向于中央的。这种民间的反应既很显然，中央集权的触须也正在尽可能地向地方伸展，而满口统一抗战的招牌，似乎随时都想逐龙云而代之。因此，在一九三七至一九四〇这几年中，可以说是最有利于中央“统一”云南的时期，也是地方和中央斗争开始激烈的时候。

一九四〇年后，联大青年和本地人士的关系，已逐渐好转，由一些可笑的习俗与地域所造成的成见。既逐渐消失，反应于对地方政权不满的情绪，也因另一个更重要的原因的迫使而转变，那就是武汉撤退后即开始暴露的政治的黑潮，党争由一九三八、一九三九至一九四〇日趋于扩大明朗，中央政权的腐败征象虽然仍伪装于统一抗战的神圣招牌之下，但实际已无法掩饰其腐化与低能。

因党争之激烈，遂致一切开明进步的青年也不能见容于当道，而爱国爱民的言行也随时随地要受到压制。这自然要使联大中若干来自昔日北平“特殊环环”的青年们要重温一些沉痛的旧梦，而必然要设法自当时困难的局势中开辟一条道路，加强抗战和民主的工作。

这时候，虽然是旧式军阀型的地方政权，因悟于自身势力之单薄，也不得不谋求改进之道，因此，他一方面从“特殊货物”及国际贸易的优势上去满足自己集团中各个人的私欲，从而减轻直接由徭役上对人民的剥削，并使一部分乡村人士由生产品的涨价中抵销中央政府通货膨胀的压力，于是在抗战期中龙在云南人民印象中留下若干好感。另一方面，他决心和民主人士接近，不仅可以得到新知识，并可以在理论上得到对抗中央集权的根据。自然，不可否认这里多少意味着一点互相利用，但是即使是互相利用吧，终不能不付出一些代价，这就使得在新四军事变之前，联大青年即曾一度得到充分运用民主方式生活的机会，而同时在消极方面因拒绝中央特务人员的入境，乃使若干民主人士能在昆明得以安居。

昆明的青年把握住中央地方的这一矛盾而统一之，使民主运动能在昆明萌芽滋长，从而培出一个“民主堡垒”来。

三　新四军事变

一九四一年春天的新四军事件，具体地说明了团结抗战的希望已经幻灭，同时，也宣布了抗战初期伪装民主的死亡。

昆明，也没有例外地受到打击。中央集权的势力向新生的联大跃跃欲试了。这时候所谓的“自由主义者”第一次表现了他们犹豫胆怯的特性，他们虽不满于中央的腐化，但他们都不肯在这时候站出来，用正义之旗，来号召人民，而只能低声叹息，甚至也在怀疑青年人的纯洁了。

这样，联大一部分的进步青年便开始逃亡了，一部分青年则埋头于学习和准备。由于地方与中央的矛盾，特务势力还不能发挥，昆明遂以最小的迫害代价度过了新四军事变的黑潮，而联大与昆明便暂时陷入沉寂之中。

大约一百多人的逃亡，自然是“民主堡垒”的损失，但因此促成民主运动的进一步发展。一百多人陆续分散到昆明以外的县镇，加上另一些因经济困难而休学教书的青年朋友，他们虽然是在那里逃难或谋生，但他们却在边远的地方展开了文化教育拓荒的工作，而许多善良朴实而富于爱国心的边疆人士联合起来，在好些县里建立了新的学校，扩充了旧的学校，提高了落后地区人民的认识，教育了许多比他们年纪更小的学生，使好些勇敢的边疆子弟在纯洁的童贞里就已受到正确的启示，而成为后来昆明民主运动的战士，使昆明的民主队伍得到全云南省青年的支持而日趋强大，也使得这强大的队伍有无数的后备队补充。“一二·一”强大的行列是如此形成的，今天昆明青年不屈不挠的精神，尤足表示当年基础的牢固。这告诉我们一个真理：民主的工作必须深入，民主的圈子必须扩大，群众的基础必须广阔，民主的力量愈雄厚，而英雄主义的作风才能彻底清除。

四　倒孔运动

太平洋战争给中国人民以兴奋，但也更暴露了中国领导集团的腐败，因此在人民的心目中心充满了愤怒不耐。

当大家还昧于“领袖贤明，干部腐化”这一矛盾的信念时，孔祥熙久已成为国人攻击的对象。香港撤退的悲剧，使愤怒爆发了，昆明的青年在沉寂了一年多之后，重新站立起来了。第一次由群众自发的示威游行在“倒孔”的号召下出现在闹市了。善良的人民，虽然起初不免惊诧，一旦明白了学生的目的，也就欣然赞同了。

年青人在喊，“拥护蒋委员长，打倒孔祥熙”，也喊“拥护龙主席，打倒孔祥熙”。事情虽至今仍未能十分了了，动机虽至今未能确定，口号也极其偶然，但一切皆极圆满，地方政府与青年的呼声虽未完全一致，但沉默的放任固早已违背了中央的命令了。

这运动使被吓唬了的青年们，重新振作起勇气，联大的围墙内又逐渐恢复了蓬勃生气。但正当青年热烈战斗的时候，当时昆明“自由主义者”的首领蒋梦麟，充分地表现了不为已甚的精神，用“解散学校”的要胁压制了倒孔运动的发展，这实在是“一二·一”运动以至今日若干“自由主义者”对待青年一贯手段的前奏，而忠厚的青年，当时为顾全学校的困难，遂使一个轰轰烈烈的运动虎头蛇尾的结束了。然而直到今天我们的青年朋友，似乎仍未能牢记当年的教训，因此“一二·一”运动也为了顾全了帮闲的“自由主义者”的面子结束了。

五 自由主义者的黄金时代

新四军事变不仅是政争的度量计，也是昆明人士生活程度的一个分水岭。之前，在团结的伪装下的战局还可勉强撑持，之后，一方面前后受敌，被迫着转移到山区，一方面则尽量对抗战拖延。战争既每况愈下，民心士气日趋消沉，腐败贪污遂公开表现，通货膨胀；公教人员和人民的生活沦入窘境。政治的恶化，既直接威胁到“自由主义者”们的生活，昆明的教授们显得不安了，配合上学生们的苦闷，在低潮中最能得到学生欢迎的是若干国民党籍的参政之流，他们常常会以在京开会的趣事和觐见的光荣，博得青年的掌声，还有的是以推论分析时事的人物，常常会以赌博式的假想，博得青年人的称道的。而另一方面，则是清高之流，为表示自己并不因生活困难而放弃工作，因此由一两位所谓学者主任主持下，学术演讲盛极一时。

时间由一九四一直至一九四三，余波直至一九四四，是这批人的黄金时代。然而相对着这些点缀升平景象的是另一幅讽刺的图画，教师被迫着改行，学生在四处兼差，昆明既成为国际市场，会洋文的人士自然吃苦，工技专家也相继成为“既得利益”者了。困难的而能坚持的固然有，但实在太少，知识分子表面上穷，实际上办法很多，文人善变，若干人更干脆“倚穷卖穷”了。

但是，日子久了，趣事和光荣说多了也令人生腻，假想老不兑现，不免令人失去信仰，而装清高的，一旦发现日子越来越坏的时候，也无法坚持到底了。自由主义者的历史使命似到此为止。因此，当一九四三年由政府发动的宪政讨论令到昆明时，联大在学术的演讲的系统之外，又出现了宪政的系统演讲，“自由主义者”所朝夕祈求的政治理想，似乎有实现之望，都不免有欣然之色。不幸的是“自由主义者”中发生了叛徒，青年也在沉默中有了长足的进步。张奚若先生先后的言论，不仅结束了自由主义者的黄金时代，也使联大的青年和文字工作向前迈进了一步，而敢于对过去的作风思想开始检讨和扬弃了。并在自觉地或不自觉地和全国其他地方的民主运动相呼应。从实际生活的贫困中，开始改正知识份子的毛病，而接受了人民解放运动的启示。

六 民主主义者的代兴

旧的自由主义者没落了，新的民主主义者代兴了。

张奚若先生既首先揭起愤怒的旗帜，那由书斋中彻头彻尾觉醒过来的闻一多先生，吴晗先生等，便立刻应声而起，成为昆明青年的导师，民主的砥柱。那些自由主义者教育出来的而终于鄙弃了自由主义的联大青年成熟了，那由联大青年教育出来的一批批更真诚的青年，从各地逐渐汇合在昆明，群众、干部、导师和理论的熏陶一齐具备之后，在全国普遍需求民主的一九四四年的高潮前夕，昆明首先发难了。和开明的地方政权以及不久前被解散了的民主同盟共同努力之下，昆明的民主运动的主体学生运动在飞皇发展着。

自然，我们应该补述一下这一段时间中因物价涨得过高所造成的知识份子的贫困与因贫困所促成的觉悟，以及地方与中央势力的消长，由美军协助中国和日军进攻滇西诸因素的促成，中央的武力已伸入云南了，自从中央的力量进入后，学运的发展虽未停止，困难自然增加，青年既不甘于妥协，教授们由于生活的低落也表示愤慨了，这都必然要加深集权者的憎恶，因此当昆明学生狂欢地庆祝抗战胜利的时候，自由主义都在准备重温旧梦的时候，不久就发生“皖南事变”，龙云被解决了。昆明既彻底中央化，压制学生的力量乃与日俱增，在新的对立矛盾中终于发生了“一二·一”的惨案。这样，昆明的学运就达到了一个新的阶段。用鲜血和正义的抗议宣判了统治者的罪恶并证实了反动与民主的势不两立，从这运动中深入到民间，使知识份子和人民的距离开始缩矩，而从旧的自由主义开始走向新民主主义的道路。

这道路于是无疑地已成为全国青年迈进的道路。昆明的学生已有为这道路的完成付出了很大的代价。愿我们永远记起昆明学运发展的教训，去加速地完成。愿我们永远怀念昆明，特别应该关心有成千成百的青年朋友还在昆明苦斗着，需要我们的响应和支援。

愿我们扬弃掉昆明学运的缺点，接受它的优点，并超越它！

附注：本文特别强调联大迁入昆明以后的重要性，并非无视昆明本地青年有自发性，而是因为昆明的青年先前曾遭过多次的迫害，故联大能在空隙中担起领导工作，此点恕不多谈，为免误会，谨此声明。

选自《燕京新闻》一九四八年一月十九日，第十四卷第十三期

// 序《吾爱吾师，吾尤爱真理》

原书编者

要说明我们为什么要编印这本小书，还得先介绍一段事实，一段没有公开过，因而也只有少数人知道的事实。

记得去年（一九四五年）昆明学生反内战运动初开始时，当局一味企图以暴力镇压，指挥特务流氓现役军人殴打甚至屠杀学生，指使中央社不断造谣污蔑，同时又组织“反罢课委员会”意图分化学生。可是这些举动不但没有镇服学生，反而激起了更大的愤怒与反抗，引起了社会上更广大的对学生的同情。于是我们的统治者不得不改弦易辙；在“一二·一”之后不久，特务流氓暂时匿迹了，中央社暂时减少了造谣与叫嚣，“反罢课委员会”也消灭无声了。不过这些并不是表示反动的当局对于学生的屈服或休战，而只是他们改用了另一个战略，雇用了另一批打手。——他们不再从外面作正面的袭击，而是从你们自己内部来施行破坏：特务流氓自然得退位了，代之而起的是堂堂为人师表的大学教授。

我们决没有信口污蔑人，下面的事实是铁证：

十一月廿五日晚上西南联大被围攻射击，十二月一日学生被殴打屠杀；当这两件事情发生的时候，教授先生几乎都是站在学生一边，同情学生。虽然当时中央社的谣是造得够了，然而教授们都认为学生的行动是被迫而起，是正当的。十一月廿九日周炳琳等教授在联大对学生的训话，联大教授会议决的停课抗议是很好的证明。可是不到几天情形就完全改变了：这里恐怕得归功于一位于“一二·一”之后不久，于教育部高等教育司司长一同乘机出重庆飞到昆明的吴有训先生，前西南联大理学院院长，现任国立中央大学校长。虽然吴先生到昆明的事情对外是严守秘密的，然而那时他忙于在各教授间（特别是联大理工学院教授）奔走的事实，在学生群中是一个公开的秘密。果然在吴先生的努力之下，大部分理工学院教授都改变了论调：“学生有背景！”（事情容易理解：《中央日报》的话教授们也许还不敢相信，可是，一位新近荣任“校长”的老同事的话，又有谁会怀疑？）吴先生说些什么话我们自然无法知道，不过联大工学院一位教授曾经公开对学生说：“你们不要以为我们不敢解散联大，联大解散了之后，我们不会没有地方去！”当时传说这位教授就是已经准备接受中央大学吴校长的聘书的，饭碗问题已经可以毋庸担心！第二位由重庆飞昆明的有关人物是新任北京大学代理校长兼联大常委的傅斯年先生。

傅先生抵昆次日就对学生发表了一篇漂亮的谈话：“杀了我的学生比杀了我的儿女还要使我伤心。”“非待此事了结决不返重庆。”当时在联大三位常委中傅先生是最先到昆明的，以傅先生年来在国内政治上的地位，是当时在昆明大大小小的人物中唯一能面见蒋主席，报告事实真相，请他“依法秉处”的，可是虽然在各方面的敦促之下，傅先生却不肯上重庆去，理由是“现在我向蒋先生说不了话，因为学生还没有复课”；许多原来不太糊涂的教授听了这话觉得也有理，于是对学生说：“你们先复课，复了课傅先生才可以到重庆去说，才能惩凶”。果然“复了课一切好办”这句话不但有许多教授相信，也有许多学生相信（怎么会不相信呢？为这句话担保的是傅先生慷慨的说话和他几十年的名誉人格）——到了今天，自然只好说是：被骗的人太天真了些。

这样就构成了联大教授会议中两种振振有词的说法。第一派人说：“学生一定有背景，共产党操纵，不然那里能有这样严密的组织？”（“能够办事的都是共产党”这本来是国民党官场中的逻辑，不幸我们的教授先生也以同样的推论方法，认为他们的学生应该是低能的，否则便是共产党了。）另一派则说：“为什么还不复课呢？复了课才好办！”这两派意见明明白白的表示在教授们当时的言论里，有当时访问纪录可查。教授会的情形我们不知道，可是教授会的决议案是公布的：“限期复课”，并且勒令学生自治会“不得干涉上课的同学”（还有教授自动报名替这些同学作“保镖”呢！）这种过去“反罢课委员会想做而做不成功的事情——分化学生，现在在教授们的帮忙之下任务完成。同时还不断扬言，要自动解散联大。

今天我们回顾这一段历史，不禁要问：教授们这种污蔑学生的言论与中央社的惯技有什么分别呢？这种欺骗的行为与政府的种种不兑现的诺言有什么不同？这种所作所为除了说他们是志在完成李宗黄，关麟征辈无法完成的“任务”之外，还有什么别的解说？

就是在这种污蔑，欺骗，分化，威胁之下，另外一些人害怕，困惑，动摇了。这样“一二·一”运动被宰割，四位烈士的血白流。我们也不要忘记指出：学生复课的代价是取得联大教授会的一纸诺言：“惨案凶手必须在二月期内受行政上撤职处分，本教授会愿以去就力争。”是白纸上写的黑字，值多少钱，且看下文。

复课以后：

第一件事情是在罢课期间联大自治会全体代表大会决议：私自上课同学要受开除自治会处分。联大工学院自治分会理事会执行了这个决议，开除了几个私自上课同学的会籍，这本来是同学自己的事情，可是联大工学院教授竟出面干涉，命令工学院自治会收回开除的决定。自治会理事自己无法决定，遂在工学院生活指导组当局监视之下，举行全体同学总投票，结果仍以大多数通过维持开除的原议。重说一句：这是学生团体为了维持团体的纪律所采取的行动，完全与学校当局无关。可是结果联大常委会竟议决处罚工学院自治会三位常务理事，每人记大过一次，小过两次，且取消贷金，常务理事王君因此而经济窘迫，被迫休学。事情本来是全体同学议决的，处罚负执行责任的常务理事，实在太不合理，所以在二月廿八日联大工学院全体同学决议罢课一天抗议，同时向学校当局请愿，要求收回对工院自治会三常务理事的处罚，他们的罢课得到新舍同学的支持，下午自治会召开全体大会，议决全校罢课，要求收回记过的成命。学生代表与学校磋商的结果，得到协议：由自治会取消开除会籍，学校取消记过。但等到学生复课后几天，学校当局又临时变卦，取消自己的诺言。（详情见双方文告）

第二件事情，联大教授担保："凶手于两月内要受行政上的撤职处分。"从十二月廿七正式复课这天算起到二月廿七，刚好是两个月满期限的日子。在满限前几天，政府发表了免凶手李宗黄云南省民政厅长的职，却同日发表任李宗黄为"党政考核委员会秘书长"，无论新职是升是降，这总是与教授会的保证"受行政上撤职处分"相违背的，尽管中国文字有怎样巧妙，可是"受行政上撤职处分"与"以去就力争"这几个字是没法狡辩的。再说，如果还有一点正义感是非观的话，对于这种杀人凶手反而升任要职的事总也不能不有所表示。如果说话是负责任的，"去就力争"四个字不是用来骗学生的，那末这个时候也应该有所表示。可是我们的教授先生们居然心安理得，不闻不问，两个多月来教授会议也始终不召开一次。

第三，如果我们的教授们就此不声不响了，那至少也表示了他们的自知和知耻，然而就在担保期限满期前几天，报纸上居然又赫赫出现了“联大一百一十位教授对东北问题宣言”。这一次他们是特别敏感了，过去他们自己的学生被人杀害，凶手主谋的证据确凿。那时候他们是不声不响，而现在却毫无事实根据，单凭中央社捕风捉影的谣言便大事嚣张：发了宣言不算，历史学家还从小说里去找“证据”，法律专家以“妈妈被强奸了”当论据。自己学生提出的要求实践诺言，支援学生抗议的告求置若无睹，无怪乎《中央日报》要说“民气可用”了。

就是这样一段过去了的事实中，一些值得留下来的文件，我们有幸收集了，编成这本小书。

这样，就可以简单的说明我们为什么要编这本书：

我们大多是还在学校里念书的人。这些教授是我们的师长。我们一向怀着一种弟子对师长的尊崇和敬意来对待他们。并且我们还知道在每一个国家里，大学教授都居着最高尚的地位，他们的道德和智慧在国家里是居在最上层。特别是在中国，知识这样欠缺，道德这样低落，一个智慧和道德的完人在我们这个国家理应该是至宝。我们一向是膜拜顶礼决不敢有丝毫不敬。

然而现在，由于我们亲眼目睹了上面种种事实，我们是不敢信，然而又不得不信的承认了这个结论：“呜呼大学教授！”

人之所贵，或者说人之所以异于禽兽者，是在人有理智，有是非和正义感。

“一二·一”惨案的是非是明白的，有正义感的人应该站在那一边也是清楚的。政府不惩凶，学生没有别的武器，只有坚持罢课，要求惩凶，要求合理解决，这里的是非也是清楚明白的。而自己已经提供的诺言，说出的话应该算数，这是在人与人之间起码的道德条件，连小孩子都明白的。——丢开这些正义道德不讲，就算是畜生吧，比较高级的禽兽，当它们的子女被人杀害的时候，它们还会哀鸣抗议，还会挺身保护。我们就只要求这一点连禽兽也具有的情感吧，可是我们的教授先生们给了我们些什么？再退一万步讲，姑且承认正义感与理智是冲突的，情感与理智也是冲突的。我们的教授没有正义感，没有情感，可是他们该有理智吧！——一个大学教授而没有理智，谁能想象？——然而关于东北问题的宣言，却给我们打开了眼界：大学教授是没有理智的，没有一丝可靠的事实根据（顺便提起一句，张奚若先生的谈话虽然在联大曾遭到五六个人的反驳，却没有一个人能提得出一点事实证据，可以推翻张先生的话）。便可以来大呼大叫，拍桌子，流眼泪。没有一个人能够承认一个理智清明的人会作出这样幼稚可笑的举动！

就是这样，在我们眼里，一个由理智与德性拼合起来的圣像，为我们仰望崇拜的圣像，一片片粉碎下来，成为一堆我们不敢用适当的名词来称呼的东西。我们惋惜，然而自己又无力挽救；我们诧异，然而这是事实；我们不是怀疑论者，然而事实摆在眼前，使你无法不否定那些所谓尊荣和令誉；我们不能相信奇迹，然而不可信的事实偏要在你眼前发生……对于这些我们还有什么话可说!

谨以这本小书献给:

四位殉难的烈士，这是生者对于死者的告白，里面混有忏悔和愤恨!

献给

活着的正在和我们一同向前行进的伙件们，愿我们不要再被虚名和伪装所绊倒!

选自《吾爱吾师，吾尤爱真理》，西南联大学生出版社一九四六年五月一日出版

// 吾爱吾师，吾尤爱真理

除夕社

教授在“一二·一”运动结束时，保证李宗黄受行政上的撤职处分，现在李宗黄因“另有任用”而“免职”了，这算行政上的撤职吗？如果算，那末，前年何应钦免军政部长职，就中国陆军总司令任，也要算“处分”，教授真太自欺欺人了。我们知道很多教授是不爱管事的，奇怪的是：要我们复课，帮助政府解决“学潮”就管事，今天，维护公理正义，维护自己的信用，维护自己的人格的事情，他们就不管了；关于东北问题，根据一些未证实的消息，签名发表宣言，管事了；当局未曾履行“一二·一”善后的诺言，他们又不管了；自治会及其他团体写信给他们，要求教授会的保证兑现，他们置之不理，剪贴社对这些教授们有所批评，工院教授却踊跃签名，要开除他们了，弄不明白教授到底管事不管事，我们弄不明白：他们什么事管？什么事不管？什么时候管？什么时候不管？

让我们进一步看：教授在对东北问题发表宣言时，只要向达教授的名字，不要他的意见，是手续上的错误，还是有别的问题？我们不相信年龄上了四五十岁，而且许多是专门研究法学的教授还会犯手续上的错误，作风似乎不民主。

再有对工学院三常务理事记过，学校当局把训导处的责任放在工院自治会的理事上，全体同学犯了所谓错误，处罚却落到工院自治会三常务理事的头上，加之关于处罚“一二·一”结束时，不服从团体私自上课的同学的事件，工院生活指导会曾举行工院全体同学总投票，同学仍坚持处罚，这只与全体同学和生活指导会有关，处罚却落在自治会理事的头上，难道是当局糊涂吗？不！办了几十年教育的学校当局不会糊涂的，他们似乎是有意摧残爱公理，爱正义，忠实服务，服从团体的同学，袒护破坏团体纪律的同学，除此以外，我们找不到别的解释。

二月二十八日，我们开全体大会，要求学校撤销对工院三常委的处罚，并且通过罢课的决议，要求不达到不止。当时派代表见常委，常委托故不见，据说是病了，但常委为一校之主，学校不能没有主，病了为何没有代替的？学校内发生罢课这样大事，更应当有主，结果什么人又以甚么“私人资格”来接见我们的代表，又什么“负责转送”，结果又是什么不转达了，这分明是做圈套，骗我们复课，欺侮我们没有玩手段的经验，这作风实不民主，欠光明正大。

记得几年以前，我们是最相信教授的。那时是中国政治上最黑暗的时代，教授为我们维护了联大的学术自由，他们的确对民主有贡献，而中国保存了一线光明。今年时代进步了，但我们的教授死死的，硬硬的以不变应万变，很少进步（除去一些少数教授），“一二·一”罢课运动结束以来，教授们的表现证明了这一点，今天，他们成为民主的阻碍，这使我们为民主学府，民主堡垒，民主教育的前途悲观，但，我们不是懦夫，依据民主的原则，学生有责任。我们不能只是批评，抗议，我们要以坚强有力的行动，拿出具体办法，改造民主学府，保障民主学府的前途，为新中国的民主教育，开创前途。

同学们：全中国已走向民主的大道，教授不容落后，有光荣传统一向站在时代前面的联大更不容落后，我们看时代已经进了一大步，民主堡垒里的民主教育仍然是老样子，学校行政一点也没有改变，这能配合为民主中国培育人才的需要吗？无疑不能。因此为了伸张公理正义，发扬民主精神，为民主教育开先路，使教育真能做到培养建设民主中国人才的任务，我们提议自治会：

（一）立即实施二月二十八日全体大会的决议，立即罢课，要求取消工院三常务理事记过处分，恢复其贷金。

（二）请教授会正式答覆何以尚未抗议李宗黄升职，并公布法律控诉进行情形，勿再敷衍，引起同学的不信任。

我们主张：

（一）民主学府内无论师生均有发表言论之自由权利，不应加以无理干涉。

（二）要求学校允许自治会派代表列席教授会，树立民主教育模范。

选自《吾爱吾师，吾尤爱真理》，西南联大学生出版社一九四六年五月一日出版

// 争取教育民主化的开端

——我们要求派代表列席教授会议

民主与科学社

联大的教授会议是学校行政的“最高立法机关”。我们主张：学生自治会应派代表列席教授会议。这就是说，学生在学校行政的最高权利机关里，应有发言权，有申述意见的机会，为什么我们如此主张？理由是：

一，教育应当民主化，这个主张只是教育民主化的一个开始。

我们知道中国已走向民主，但我们更得认识社会是整个的，不可分的，民主是整体的。“中国走向民主”这一句话不只是说中国可以实行普选了，不只是说，中国政治民主化了，不只是说……这句话的正当解释应当是全中国的各个部门，各个细胞都应当走向民主，都应当民主化，政治上要民主，经济上要民主，社会事业要民主，任何部门都不容例外，都要民主。某些部门民主，某些部门不民主的情形，是很不应当的，且也不应当允许它存在的。

今天，由于人民力量的巨大，中国已走向民主，教育这一部门不应当落后，教育这一部门的任务是培育民主中国的后备军，这关系着民主中国的长远将来。我们不应该放松争取教育民主化的责任。

再有一点，我们不能忘却，民主是争来的，主要的要靠自下而上的争取，政治的民主化固然是决定的因素，大大的可以促进教育的民主化，但今天，政治上的民主还是个开端，反民主的努力还强大，盘踞在全中国的各个角落，伺机反攻。以此，我们更不能放弃在各个单位，各个部门与他们的搏斗。争取教育民主化的重任无疑落在我们的肩上。争取教育民主化的任务是长期的，这只是个开始。这任务的范围相当广，内容非常丰富。从那里开始呢？我们认为：

二，我们学生应当要求学校行政管理的民主，要求派代表列席握有学校行政最高权力的教授会议，是一个开始。

学校是为学生而设的，人民拿出钱来交给政府，政府再把钱交给学校当局，办学校是为了学生，是为了学生将来真能够为人民服务，所以学校当局固然对政府负责任，但更对人民负责任，更直接对他们眼前的学生负责任，他直接为他们的学生服务，所以学校的主人是学生，学生有过问学校事务的资格，特别是与他们自身有密切联系的事务。

也许有人说，学生不懂教育，是受教育的，不应当管学校的事，也不会管学校的事。我们的回答是：我们在专门问题方面的知识是不及教授先生，但教授和先生讲话时，我们是能够懂得，能够接受的，不懂就更应求懂，所以起码应有列席教授会议去听和问的机会，此其一，这是退一步的说法。进一步我们要问，如果说，因为不是教育专家就不要过问学校的事，那国民不是政治学专家，就用不着管国家的事么？据我们的意见，不用说我们已是大学生，已是公民有资格管国家，更有资格管学校。即使是小学生也知道那一个老师好，一个小学生的意见也许欠正确，但一班小学生在有充份自由的时候，选择老师是不会错的。老百姓吧！通常有人认为他们无知，不够资格实施宪政，所以要“训”，但他们能分别政府的好坏么？当他们有无拘无束选举自由的时候，他们会选错自己的保甲长么？他们不会管自己的事么？会的。因此，我们自己的事应当由我们自己管，我们有能力管，也只有我们自己管才管理得好，此其二。

假如有人不信我们的说法，请看几个实际的例子：例子不必到英美苏联去找，中国多的是：陶行知先生所办的育才学校，是学生参与学校行政的管理的。连功课表都由学生与教务处一同排，以此他们的功课表符合学生的需要，便利学生学习，而旁的学校的课表大概只求教师上课的时间不冲突。再有滇南有一个学校，是联大的同学在主办，教员上课以后，就要求学生批评，讨论教学法，结果教师也进步，学生进步更快。

滇南还有两个学校，校长由学生选举，学校的教务会议有各班的代表参加，再有早一些日子，云大附中的同学犯了校规，学校交自治会公审处理，结果还不坏。这些不是民主教育的实际例证么?

同学们，民主是时代的趋潮。教育民主化是必然的，不可避免地，学校行政管理的民主化，要实现。历史已向我们招手，有光荣传统的联大不容落后，莫放弃争取学校行政管理民主化的时机。赶快起来争取这一个开端。

为甚么我们必争学校行政管理的民主化?必争列席教授会议的权利?这有甚么好处?我们认为:

第一，学校行政管理民主化是学术研究自由的保障。如果学校行政管理不民主，学校可以随便记学生的过，开除学生，不讲道理，不按校规，教授可以随自己的爱憎，给分数，给同学不及格，随自己的爱憎留助教，那末，所谓学术自由是假的，是没有保障的，开除，记过，分数，助教的位置时时影响着这种自由。这种现象，在全国教育界非常普遍。“一二·一”运动以来，联大也出现这种现象，维护公义的工院自治会理事被处罚，敢言的剪贴社受到处罚的威胁，工院私自复课的同学分数也多起来，一些同学，因为看课外书的关系，做文章好用名辞，被怀疑作异党。这一切都是不民主的表现，实在妨碍真正的学术自由。

我们知道，我们的有些师长，也许由于潜心研究的原因，不大问外事，而时代的进步太快了，以此有我们有列席教授会议为必要，只有这样才能使师长了解我们的要求，了解时代不作不合理而实际影响学术自由的决定，这是争取学校行政管理民主化的开始。

第二，学校行政管理的民主化可以培养我们民主的习风，使我们多一个实践民主的最好机会。

我们应当知道，单学习民主理论是不够的，更得真真实实的实践民主，实践在今天对于我们比空理论更重要，研究教育的人不也常说德育比智育重要么？道理很简单，有知识有能力的人如果品行不好当起汉奸，干起坏事还得了么？实际上不民主而记得一些民主教条的人不也时常可以迷惑住一些人么？事实给人的教训太深刻了，比如满肚子男盗女娼的贪官污吏，嘴上何尝不时常挂着仁义道德呢？书本上的仁义道德，他们背得熟熟的，八九十分，但实际生活却赐予他们男盗女娼这一套，理论和实际背道而驰，才造成这种可悲的后果。今天，多少爱好民主的朋友，想得民主，说得民主，做起来总嫌不够民主，这不也是因为实践赶不上理论，没有养成民主习风的原故么？ 中国的教育不容重复以前的错误，不容走以前的老路。今后的教育，理论与实践要相互关联配合起来。书本重要，做事做人更重要。好比科学要实验实习一样，学民主理论更得培养民主习风，实践民主。所以学术研究固然要自由，学校行政管理的民主化更可以给我们以优良的民主典范，这可以培养我们民主的习风，又可以使我们多一个实践民主的机会。

第三，我们列席教授会议可以增进师生之间的了解，避免不幸事件的发生。

民主的教育应当是师生打成一片的，师生间应相互充份的了解。这一点联大做得太差了。过去教授开会，是不欢迎学生旁听的，“一二·一”运动时，更禁止学生去听。我们真不知道教授有甚么事务要向学生保守秘密，教授的基本立场是愿学生好（绝不会是欺瞒压迫学生），在这个立场上有甚么话不能让学生听呢？

我们常常听得教授们说苦衷，我们往往因为不了解这些苦衷，而不能接受教授的意见。假如教授开会时，我们有听的机会，先生的苦衷我们清楚，难道我们要故意作难捣乱么？

再有，如我们发生了问题，师长要帮我们解决，那末当然得弄明白问题的究竟。如果我们做错了事，师长们要纠正，那么师长就得明了错在那里。难道这不需要我们列席教授会陈诉吗？

总而言之，师生之间缺乏了解，教授与受教都要成问题的，以前，由于相互间的了解不够，不幸的可悲的事件时常发生，为了加深师生间的了解，使我们了解师长，让师长了解我们，避免不幸事件的发生，我们坚决要求派代表列席教授会议。

同学们！这不只是联大的事，而是全国教育界的大事，我们希望由争取联大学校行政管理的民主化出发，使全昆明的学校行政管理都民主化，开展全国教育民主化的运动，促成政治协商会议和平建国纲领中文化教育项的实施，为新中国的民主教育开辟一条出路。

选自《吾爱吾师，吾尤爱真理》，西南联大学生出版社一九四六年五月一日出版

// 怀昆明

——读《吾爱吾师，吾尤爱真理》

黄　裳

“历史”

两年间曾四次到昆明，对于这个滇南古城有着说不出的爱恋之忱。这有名的“花之都”的明媚的风光使我迷惑。四季如春，天气是那么好；滇南的儿女，孕育在这山明水秀的环境中，是那么的可爱。“滇南王”龙云十几年的统制，在社会上的毁誉不一，然而似乎是一种奇迹似的，他能给人一种“自由”的感觉，这位将军好像有些懂得“无为而治”的妙用，除了一二种有关政、经的举措之外，倒的确可以做到“不扰民”的消极的要求。一般云南老百姓提起他来往往称之为“主席龙公”，这似乎并不是云南的人民格外柔驯，也并不是他们喜欢咬文嚼字。一个能够不太使人民活不下去呼吸不成的人物在中国的老百姓眼中就往往是值得馨香顶礼的贤吏。

无疑的，抗战初起时，云南人对流亡来归的下江人是颇为歧视的，然而这情形逐渐改变，一直等到美国人来了，昆明成为美国空军陆军最重要的基地以后情形更变得多。这是我要提出的一个很要紧的因素，西南联大的来昆，影响是最大的。龙前主席与联大的常委蒋、梅，诸位的情感不恶，这颇可使这位老将军改变他的观念，他曾经在演词里说联大将高水准的文化带给云南。数年来相安无事，他对学校无所疑惧，学校对云南也的确有好影响。举举小例，联大的学生办了些中小学，与当地的青年接触；联大学生们之作家庭教师的更多，往往还与女学生缔结良缘，云南女孩子不反对嫁给下江来的大学生。联大之给与云南是无限的。而尤其使我向往的是成为“民主堡垒”的联大校风，虽然这名词已经成为滥俗，我仍甚喜爱它。

我不是联大的学生，然而旧同学中在联大读书的、做助教的颇不少，这使我能与这个学校接触，熟悉。更因为居处的关系，常去学校中走动，从图书馆借书，在教室瞻视名教授的风采，在民主墙上看各式的壁报，觉得自由，快乐。也许一向生活在这地方的人不晓得，然而来自全国其他各地的学生就会欣赏这份自由，羡慕这份自由。

昨天从书店里买来一册小册子，联大学生出版社出版的《吾爱吾师，吾尤爱真理》，翻读一过，才知道我与这个自由的天地已经十分辽阔了，我是在读一本“历史”。

一九四五年十一月到一九四六年五月

去年胜利后，我重回昆明，住在西站附近，等候返渝。意外地在那里恭逢杜聿明将军的第五军的表演，听了几晚枪炮声。有一次在联大新舍的饭馆中还目睹了一个小女孩被“流弹”打穿了屁股，那枪弹之幸而没有打到我真是其间不可以容发，后来跑出校门，看见两个第五军的勇士身背美式冲锋枪施施而来，还听了一些训示。又看到几位同学抬了血流满身的朋友急促的跑到医务所去，心情非常激动，在茶馆中“避难”，默念吴梅村的“乱梳云髻下妆楼……高家兵马在扬州”，忽有昨今之感。后来听说事态平定，局面统一，间关来渝，无多少时又听见“一二·一惨案”的发生，那时已经不能目睹，只能从报上看到一二消息了。

这本小册子，由编辑收集了一些值得留下来的文件，中分（一）罢课期间西南联大教授会之文告；（二）复课后联大当局对工院自治会理事之处分；（三）东北问题；（四）对西南联大教授不履行“诺言”的反响。文件多出诸昆明报纸杂志，联大壁报，不易得见，得读一过，知道了一些知识，引起了一些感想。觉得颇有提出来的必要，这问题是并不轻松的。

在书中学生对教授提出了控拆。学生觉得同外来的反动势力相斗争是当然的，然而现在却要同同一堡垒中亲爱的师长斗争了，觉得伤心。这里，让我先引一点序文中间的叙述：

“在‘一二·一’之后不久，特务流氓暂时匿迹了，中央社暂时减少了造谣与叫嚣，‘反罢课委员会’也消灭无声了。不过这些并不是表示反动的当局对于学生的屈服或休战，而只是他们改用了另一战略，雇用了另一批打手。——他们不再从外面做正面的袭击，而是从你们自己内部来施行破坏；特务流氓自然得退位了，代之而起的是堂堂为人师表的大学教授。”

在“一二·一”惨案发生以后，联大的教授是同情学生的。然而不久情形突变，归纳原因，序文中提出了这样的人物：

“这里恐怕得归功于一位于‘一二·一’之后不久，与教育部高等教育司司长一同乘机由重庆飞到昆明的吴有训先生，前西南联大理学院院长，现任国立中央大学校长。虽然吴先生到昆明的事情对外是严守秘密的，然而那时他忙于在各教授间（特别是联大理工学院教授）奔走的事实，在学生群中是一个公开的秘密。”

至于经过吴校长奔走的结果呢，工学院的教授们都改了论调：“学生有背景”，并且有一位教授公开宣布，说：“你们不要以为我们不敢解散联大，联大解散了以后，我们不会没有地方去！”当然，工学院的教授是不怕没有地方去的。如我在一篇文章中所报告，他们在抗战期间从美国人那儿就曾经很挣过一点钱，何况现在，这位教授已经预备接受中央大学的聘书了。

他们指摘的第二位师长则是联大常委的傅斯年先生。

“学阀”傅斯年

关于傅先生，正如我在另一篇文章里说过，在一些他的老朋友中间，周炳琳先生，陈雪屏先生，蒋孟邻先生都笑着说他是个标准的“学阀”。当时傅先生也曾经大为暴跳，深致不满，不过这究竟是朋友间的说笑，然而在这次联大的惨案中，经学生们的综合，傅先生的行动，就不仅成为“可笑”的了。

在“十二月七日罢委会通讯”中，有“傅斯年先生抵昆谈话”，中有一段：

“下午（十二月五日）去看关麟征。我对他说，我代表学校当局，对于这次屠杀事件不胜其愤慨，我以前跟你是朋友，现在是站在对立的地位了，关麟征说，那何必，我跟你还是朋友，我说，你杀了同学，比杀了我的儿女还要使我伤心，关麟征说，你怎么说是我杀了同学呢？我跟他争辩了一大顿。”

这时期傅先生的态度是可爱的。傅先生年来的政治上的地位是唯一能面见主席，陈述事实的人，大家（包括教授）希望他能回重庆，然而傅先生说：“现在我向蒋先生说不了话，因为学生还没有复课。”大家都相信了这句话，“担保的是傅先生慷慨的说话和他几十年来的名誉人格。”

慷慨的举动是什么呢？据“现代、剪贴、除夕、电子等壁报联合报”的《劝傅斯年先生》中说是“傅先生曾用头来担保李宗黄、关麟征的撤职”。

后来的事情大家是知道的，李宗黄升任党政考核委员会秘书长，关调成都军校教育长。于是在那一篇文章中说："现在有很多人都说傅先生是学阀，是教育界的害群之马，是纯洁学生的毒素，所以我们劝傅先生自杀，为教育界除一害。"

不料傅先生天天玩政治，倒劝学生不要过问政治。而玩政治的结果则是他自己的学生们要他"明水一盂，自刎以谢天下"，要他用头来兑现诺言。这样的事也诚然不及料，在政治协商会以来，傅先生以山东豪俊的作风纵横叱咤，以"好人"的姿态出现于全国人民之前。结果如是。是学生们的太意气用事乎？还是在这个局面中，"好人"难作欤？

这样的教授

在东北问题闹得如火如荼之际，也就是"一二·一"惨案三个月之后，李宗黄升官之后，曾作"诺言"说以去就力争的教授们（一百一十人）发表了一个宣言，这在学生看来是"对于官方的一呼，立即轰然应和"，"助纣为虐，奋勇当先，面对真理，顾而却走"。而给老师加上了不得已的不好听的字眼："奴性"。（见剪贴社：呜呼大学教授）

这是不是又是学生们的敏感与鲁莽呢？剪贴社还对该宣言来了一个分析，有理由五点，将教授们一向对国事的持重，对民主的淡漠与此次的响应甚速，继中大教授之后起而签名，阵容赫赫。又转载了昆明《中央日报》的短评："可用的民气"

“不惜拼命一战”，作为旁证。列为反证的则是一向昆明教授国事宣言都严受检扣，一纸之传，颇不易易，而这次则官方半官方报纸竞为宣传，广播，实有同气连枝之感。

学生们的“敏感”，是有根据的。

在这个大波之余，是还有两个小插曲的。其一是向觉明（达）教授的声明，总择要是如下：二十三日冯文潜教授以宣言草稿征求向先生签名。向先生提出了“雅尔塔会议问题只字未提”，与“英美的字眼与英美责任问题”也只字无有。当加以附注，提议全文非重改不可。结果则是“宣言发表时只要我的名字，而不要我的意见”。

关于向先生，我曾经有幸的听了他讲过一次敦煌问题。在新舍南院的一个教室中，灯火昏昏，向先生穿了一件旧蓝布长袍，沾染了塞外的风尘之色；后来在联大被枪击的一天，（滇省府改组的一次）又看见向先生在贩卖部里吃面，对这个专攻中古史的教授的朴实的风度，有甚深的印象，照我看，他也应当属于“对国事漠不关心”的一类的罢？然而这次却也提出了“独异”的声明，使如火如荼的好戏微生遗憾。实在也是颇可发人深省的事。再看向先生的理由，于英美责任问题加以注意，也实在还算不了什么“过激”。

好戏的开场是在东北问题的游行之前在联大草场开的“东北问题演讲会”，主讲的教授是在“一二·一”惨案中的“隐士”，雷海宗、燕树棠、查良钊、傅恩龄诸教授。

查良钊是联大的训导长。傅恩龄是南开的教授，十年前在天津念书时，曾往听过他的讲演，据说是“日本通”，他自己也是东北人。这两位教授的讲词都不曾有登载，无从拜读，绝妙的是法律系教授燕树棠的讲词。

关于燕教授，我是有颇深的印象的。从联大政治系的朋友口中颇能得知他的一二妙事。这的确是一位老教授，正如他自己所说：“我读了五十年书”，而且还反复的说着，他倒的确是书读得太长久了些的一位先生。又如他自己所说“你们常常听见人说，北方人是高大粗黑，几年来，我因为营养不足，既不粗又不黑”。这位老先生的确在高物价的昆明，遭到了极大的厄运，几乎与洪深先生有了相同的命运。不过因为他所读的书是五十年以前的，所以学生们不满了，执教数十年的“国际公法”也就让给了一位新从国外回来的青年教授，据说燕先生有一次就用他的河北腔发表了这样的悲哀的论调：“自从国际公法不教了，国际问题也就不谈了，而国际情形也就更乱了。”言际颇有他的国际公法的辍讲，颇有关于天下安危之意。不过这一次也真找到了对国际问题发表言论的机会：“中华民国是中国人的妈妈，……苏联侵略东北，就是强奸中国，就是强奸每个中国人的妈妈。妈妈被强奸，……还要加以讨论，研究研究，看看法律、条文才捉奸，然后送到法院，请法官审判，这是合理抑或不合理。……我感情太冲动不能再说下去，否则我的眼泪滴下来。”

这的确可以算作妙论了罢？有一篇《从妈妈说起》的文章，从法律观点对这妙论加以分析，弄得读了五十年书的法律教授体无完肤，姑不具引。继燕教授而起的是雷海宗教授，雷是历史教授，却先强调了一下东北地理的资源的丰富，然后回到历史上来，数说帝俄的罪恶，再从一本苏联小说《旅顺》中，证明了苏联是还在念念不忘帝俄时代在东北的特权，视东北为“祖国”，证明了帝俄与苏联是一样东西。

关于这位雷教授，上海人士大抵是不十分熟习的。在前几年，在《大公报》中有一个叫做“战国策”的副刊。后来又出单行本的杂志，里边的主干有陈铨教授，林同济教授，雷海宗等诸位，他们提倡“大政治”“力的政治”，论英雄崇拜，向往于希特勒的业绩。不过后来这杂志功成身退了，林同济做了官，陈铨到了中央政治学校，只剩下孤单单的雷海宗教授，还寂寞地留在昆明，不时为党报作些别有见解的“专论”，获取一些稿费。这次机会正好，自然出来主持“正义”了。

在两位之后，还有一位化学系的高崇熙教授说话，他的遗憾则是“可惜中国没有原子弹”。

“中路因循我所长，古来才命两相妨。劝君莫强安蚊足，一盏芳醪不得尝。”

读《李义山集》，每逢读到这一首诗，总要不怡者久之。深深为这位晚唐诗人的身世哀怜。李商隐以一介才人，依违于牛李之间，命运多舛，弄得潦倒末世。这在现在，就又重新在教授群中看到了这相同的命运。

由新月派到独立评论，一直到最近的种种，我们也真看到了不少“洞房昨夜停红烛……”的娇语。虽然他们的运气不同，有的成为大官，有的顾问，有的秘书，有的大学院长，不过画眉深浅未必都能入时，有的就未免碰了一鼻子灰。赶来赶去，落荒而走，与一千年前的李商隐同其命运。事实教训了他们，于是不免彷徨。面对现实，不免依违却顾，念念不忘于“一辆包车，一幢洋房，两个老妈子，在书房里打一个电话，便可以叫书店送来一大堆书”的战前优裕生活。

在李宗黄第一天免职，第二天升官之后，关于这件事的反响，联大学生自治会曾经征询过各教授的意见，录下来一些“典型的意见”。现在我在这儿再加以归纳。李广田先生说：“李宗黄免职，教授会必有不同解释，认为‘满意’。因反动教授能操纵会场。中立者态度暧昧，而积极者不能发言。”这是提纲挈领的看法。作为“隐士派”典型代表的，可以金岳霖先生为例：“我也不满意政府的措置，但这是政治问题，个人不准备发表意见。因为我不过问政治，教授会如何表示则很难说。你们学生，如果气愤有任何行动，我也不过问。”袁复礼先生说：“关于这点，我没有什么意见，哈哈。……”（总是这样说）（最后说）“我们都上了当，你们还是直接与学校当局商量好了，我是没有什么意见发表的。”

至于如何上了当，上了谁的当，闻一多教授的意见是：“教授会保证系根据傅斯年以头颅为质的诺言，教授与学生都受了这学阀的骗。同学发宣言抗议时可以强调傅氏的责任。”

傅先生以后就成为无党无派的社会贤达代表，在政治协商会议上露面了。大倡两院之说，批注汉奸周作人的信，否认要出任教育部长，最后则是将要出国养病。作风还是不变其“你不信，杀我的头，好了！”标准的燕赵之士的慷慨悲歌。

然而我竟又想起了十几年前鲁迅先生的一篇杂文《新药》里的一些事：

“旧书里有过这么一个寓言，某朝某帝的时候，宫女们多数生了病，总是医不好。最后来了一个名医，开出神方道：壮汉若干名。皇帝没有法，只得照他办。若干天之后，自去察看时，宫女们果然个个神采焕发了，却另有许多瘦得不像样的男人，拜伏在地上。皇帝吃了一惊，问这是什么呢？宫女们就嗫嚅的答道：是药渣。”

“药渣”我们也不是没有看见过，而且并不少，本来是好好的学者，从政了，也曾煊耀一时，后来却终于打入了冷官，弄得不死不活。变成了“药渣”。

旧药成渣，新药登场。

至于新药的性味，据鲁迅先生说，是“要很激烈，而和平”。譬之文章，则须先讲烈士的殉国，再叙美人的殉情；一面赞希特拉的组阁，一面颂苏联的成功；军歌唱后，来了恋歌；道德谈完，就讲妓院。……攻击主人的敌手，也似乎不满于它自己的主人。”

是“日光之下，并无新事”呢，还是历史的进度太慢，总之，我是觉得历史不厌重读，而重读之余也的确还有至味的。

“两代之间”

这似乎是人类的永恒的悲剧，一百年前屠格涅夫在《父与子》里边的题材，指出了年青的一代与上一代人的冲突。

这原则使用在这里，就是学生与教授之间的冲突。上面所说的话已经够多，问题似乎也不必再作深论。这里只想谈谈教授自己的问题。而且对于别有用心的人物也不想多触及，只对还想作作“隐士”的人们稍作勘察。

其中之一就是为人师表的资格问题。世风不古，师道沦夷，弄得饭都吃不饱的教授群，水准的低落是当然的。然而也还有执教数十年，门墙桃李满天下，而自己却落了任的人物。如上面所提过的那位燕树棠教授就颇不少。上海交通大学的电机学院院长张廷金先生，后来在敌伪期间晋升“校长”了。他是世界无线电学会的会员之一，资格极老，可是在真空管已经发明了三十年之后，他还在教着“火花式的无线电”。而学生们也还一声不响的抄着他的笔记。

这无关思想，不及政治，然而就是在“专家”的范围内也还成了问题的例子。

至于“专家”而一旦走出了“专家”的范围，问题就更不简单了。化学家要叹息手里没有原子弹，一个学数学的人说什么“我看了许多外国杂志，都说联合政府不好。所以中国还是要一党专政”。(《“暴民政治”及其它》)

如此的高论自然使学生减低了他们对教授的信仰。在中国，英雄崇拜主义是并不落漠的。大家往往要听听“专家”的意见，即使是在说外行话也还加以尊重。奈何“好为人师”的教授们偏要自拆壁脚，造成笑料？

在现在“尊师”运动盛极一时之际，这似乎也是一个值得为人师者的自省的问题罢？

联大即将北迁，恢复原来的北大、清华、南开三校了。听说开始还有人提议说联大的学生仍要他们留在昆明毕业，复校后的各校再从北方重新招考当地的学生，以免这批“中毒”已深的学生们回到北平，再将这不平靖的浪潮带到古老的文化城中去。这似乎是一个颇为聪明的办法，然而却终于未曾实行。

联大走后，昆明当又恢复了它的平静，府学甬道前面的白皮松隙的日影依然，晴空中的鸽子的铃声也将响得格外的寂寞罢？然而这里究竟有过一批年青人活动的余痕，也有着“世故未深”者的血迹，与平静的翠湖的湖水同在，与明永历帝的灰骨处，陈沅死处的莲花池同在。写到这里，我无论如何也排遣不了我的飘浮着淡淡的哀愁的怀念之情。

三十五年六月八日，重庆

选自《周报》一九四六年八月三日第四十八期

// 我们为西南联大申诉　为西南联大学生控告

重庆联大毕业生

目前昆明学生为反对内战而引起的不幸事件，引起了全国各界人士的注意及关切。本市各报对此事亦多所报导及论列，报导的真实性如何，因为我们不是事件的参与者及目睹者，不敢轻下断语，论列的公正性如何，因为各报的立场不同，我们也不便妄加批评，但是一个大原则，我们认为从事新闻事业者应当遵守不渝，即就事论事是也。

昆明学生反对内战是事实，反对美军参与内战是事实，在联大开会是事实，同时防军在联大周围打枪示威也是事实；昆明学生罢课是事实，与军队冲突是事实，军队到联大去掷手榴弹是事实，学生教员四人炸死，三十余人受伤也是事实。这些事实满够编辑们充实篇幅了，这些事实的是非，满够主笔们大发其议论了。奇怪的是，重庆的大多数报纸，对事实的真相固嫌不足，对真伪是非的论列更属阙如，相反的几家报纸上，都堆满了党派、利用、诱惑、威胁、要挟一类的赘词与不安、易动、刺激、盲从一类的责语。请问这是新闻人员的论列呢！还是宣传队伍的伎俩？从事新闻事业要有良心，要有人格，要负得起新闻事业的使命。欺骗、隐瞒、诬蔑、攻击，绝不是从事新闻工作人员应有的态度。

内战应当不应当？反对内战应当不应当？学生在校内开会应当不应当？学生在校内开会受到军队鸣枪的干涉，应当不应当？学生为争取正义、自由权利而罢课应当不应当？军队拿手榴弹去炸死赤手空拳的学生应当不应当？放着这样多的事实，不去报导，放着这么多的问题，不去论列，偏偏在事实外缘制造材料，在问题末梢发表谬论，这是何居心？为己？为党？还是为国？

尤其不可解的是任意侮辱学府与轻蔑教授学生。说什么党派盘踞，党派煽动。西南联大是允许党派盘踞的地方吗？西南联大的学生是容易被人煽动的吗？那里比任何地方都民主，比任何地方都自由，他们比任何人都爱国，比任何人都爱正义。正是因为这个，党派盘踞不了那里，思想束缚不住他们，对事对人他们有自主的看法，有独立的见解；他们不苟同，不盲从，不容易欺骗，不容易隐瞒。抗战八年中，他们提倡过译员征调，响应过青年从军，发动过倒孔运动，参加过争取民主浪潮。请问什么思想不是出于他们的内心？那次行动不是由于他们本身？他们只知道事实的真伪善恶，他们没有党派立场，他们没有门户之见。善的，真的，他们去追求；伪的，恶的，他们去摧毁。他们是自主的人，有独立的人格。他们只受是非的领导，不受人或党的支使，他们有明是非的能力，有辨真伪的知识，别人去主使他们吗？也只能主使他们向善的方向前进，主使他们向恶吗？恐怕不大容易，因为他们明晰的理智，会将那些不肖之徒宣判死刑的。其实法西斯党徒们，何尝不想盘踞那块自由的园地，民主的堡垒，何尝不想利用那批纯洁的青年，热情的学生？可是结果如何？法西斯党徒被摈弃了。自己有这种经验的人，又来大放学校被盘踞，学生被煽动等等厥词，这是自欺还是欺人？

目前的中国，不容许有内战，是天经地义的真理，西南联大的教授学生们认清了这个前提，遂掀起了反内战的巨浪，这是他们的义务，也是他们的权利。他们为了善尽他们的义务，他们为了争取他们的权利，不惜忍痛罢教罢课，不畏艰险请愿宣传，至于领导主使的人是甲或是乙，他们都不加考虑，因为事实上他们自己的理智良心，主使他们这样作。

我们是一群联大刚刚毕业，而才离开昆明不久的人，对联大的情形，不但熟悉，并且洞悉其详，凭此我们对重庆某些报纸，故意歪曲事实，诬蔑母校及母校师生的勾当提出严重的抗议。

重庆一群西南联大毕业学生启

十二月六日

《新华日报》一九四五年十二月七日

// 断扎抄

——昆明通信

佚　名

最近联大自治会改选举行普选，非常热闹，墙壁上贴满了候选人的画像和介绍文字，“推举山东硬汉 ×××”；“介绍真诚、坦白、负责、热心、公正五个形容词的 ×××”，真是琳琅满目，结果是“一二·一”受伤锯去一条腿的缪祥烈得票最多。他前天才出院到学校来注册，拄着双拐，励和我追到院子里看了个够。腿锯得比潘先生的还短，真可怜！也难怪两个同学在旁边很用力的侍候他。注册时，他站一会，同学还搬个椅子给他坐呢！真是关心爱护极了。

今晨（三月十七日）四烈士出殡，十点钟去新舍观礼。从南区到北区简直是人山人海，一片白花黑纱衬托着，显得庄严又肃穆。我从灵堂门口，沿分区集合的各学校队伍，巡视了一番，我觉得他们的热烈情绪实在动人。

负责人忙进忙出，分配计划工作，其他有的抬着竹篓散发宣传品，有的把竹竿撑好的挽联花圈，集放在空场上。纠察队在商量怎样维持秩序。挽歌队在起劲的练《送葬歌》。担架队摩拳擦掌，精神抖擞。招待员恭敬客气，送花送纱。大门口方桌上堆着些书报，旁边一个同学在起劲的喊卖《荣哀录》、《匕首》和《学生报》，真是个热烈动人的场面！我心中想，不知那些杀人的刽子手看了，作何感想，不会稍微"有动于衷"吗？十一时发引，摩托车两辆前导，在一个白色黑边横幅"一二·一死难四烈士殡仪"的后面，紧跟着前锋纠察队，鞭炮队，自由钟，军乐队，主席团等，以后共分四段（每段都是一样的次序和分配）。第一是于再烈士殡仪横额，道士一队，于再像亭，后面有分配的几个学校团体，再后是灵柩。第二是潘琰，第三李鲁连，第四是张华昌，灵柩和像亭扎得很出色，满是白花的花圈，灵柩上竖立着围绕白花的画像，上面还盖着一幅国旗和满满的花圈，队伍延长好几里。大概官方不愿炫耀自己的"成绩"，叫些御用的机关团体反对出殡，反对不了，便罢市，以示抗议，今天果然全罢了市，不过队伍走过后，又开了门，罢市的影响，不得而知，可是那些"罢"闲了的市民，可得看热闹了。我站在马市口往正义路上看，那队伍真雄伟极了，两边人行道和楼窗口也挤满了人，真算是昆明空前一次大出丧！

选自《文联》一九四六年第二卷第六期

// 联大小志

缺　名

本月六日联大文艺学会举办诗晚会，请冯至，闻一多，李广田等十余位文学系诗人参加，以“诗的人民性”为讨论主题。会场装有电灯，以舞台方式布置，中悬一大“诗”字，并有雨果，普式庚等四大世界诗人画像，颇为壮观，尤富诗意。

同晚政治学会始由参加太平洋学会返国之钱端升教授讲战后中国外交政策，讲中国与英美苏之邦交，根据三大因素决定，即加强国力，实行民主政治，加强苏中邦交。

同晚云大自治会主办时事讲演，题为《国民大会与团结》，请费孝通、吴晗、楚图南等十位教授讲，均主张国内团结，尽先召开各党派会议，国民大会欲其为名符其实的代表民意机关，必须去消“圈定”“指派”及“当然”代表。

王赣愚教授之政治学，某日讲到党派一事，称：“政党为一少部分人组成，必得承认他党，更得尊敬他党，否则那还叫

‘党’吗？”一周后王先生宣称曾接到“警告信”一封。

新诗社周年纪念，举行晚会，并有诗作展览百数十种。

哲学系某教授虽在破露时，但时常买花生，叮叮饼，随行随吃。另一嗜好是终日独坐教室阅读。某日校工锁门，竟被关在教室半天，而彼仍不知。

本月九日联大国民月会由钱端升教授报告旅美观感。钱氏谓美国以及其他各国对中国内政颇为关心，每有询问，“我只有脸红无话可说”，并谓“知识份子要负起为贫苦的人民争自由幸福的责任。你们应该负起你们的责任，别辜负他们的热望。”而杨教务长则谓“国家到这样境地，你们是应当过问政事，不过要冷静。”

联大贷金一向是与伙食费相距千里的，而最近一星期内连扣两次，由一千四百到二千四百，而又二千九百元，虽仍有距离，在联大实为罕有之幸事。

选自《燕京新闻》一九四五年四月二十五日

昆明变了

伴 滇

联大迁走还不到一年，昆明却似乎变成了另一个世界。

一走进新校舍，立刻就使人发生“人地两非”之感：房子是修理得比以前漂亮了，墙壁也洗刷得比以前洁白了，可是那股豪放澎湃令人迷惑，兴奋的气氛也就永远消失了。人们很自然地会问：“这就是一年以前被全世界称颂的‘民主堡垒’吗？”

作了师院院长的查良钊，笑容在他脸上消失了，亲昵在他脸上消失了，代之而起的是一种伪装的官吏的严肃和冷漠。待同学，待校友，“法律”替代了感情，官腔替代了和蔼。前些日子联大校友会向他借一个地方开会，他毫不客气地拒绝说：“校友会是非法组织。”谁能相信这就是一年以前的“查老头”“查菩萨”说的话呢？

联大的兄弟学校——云大，这学期自治会理事改选，居然有人公然抬出“三青团”的牌子竞选，查良钊的女公子就是其中顶顶有名的一个。上学期常务理事蒋永尊同学，曾被当局再三威胁，审问，一定要他承认是“共产党”，而且强迫他发表“脱离共产党声明”。但他严正地拒绝了，现已被迫退学。

联大校友会常务理事刘春生是“一二·一”四烈士出殡时为校友会执大旗者之一，现在长城中学做训导主任，在当局威胁之下，不得不宣布脱离校友会。

“茶馆小调”，“五块钱的钞票”……在这里都成了禁歌，偶尔不经心哼哼，就有被列入“黑名单”的危险，恐怖笼罩着昆明，联大的校友，各校的师生，谁也不知道自己明天会碰到怎样的厄运！

……

昆明变了。昆明已不是当年的昆明了。

选自一九四七年四月二十一日《清华周刊》

// 最近战局与政局

——西南联大腊月社，群社，女同学会，基督教团契、励学经济研究会联合时事座谈会纪录

可潜　有民 记

主席：今天讨论的题目是《最近战局与政局》，战局是有关抗战的，政局是有关建国的，合起来就是抗战、建国的问题。因为时间关系，战局限于讨论南宁沦陷前后，政局限于四届参政会和六中全会之后。今天出席座谈会的诸位都是关心时事的，而且一定有很好的意见，希望在大家热烈讨论中，交换各种不同的意见，而并不强求一个共同的结论。我们觉得特别兴奋的是请到蔡维藩王信忠两位教授来予我们指导，现在就先请蔡先生指导。

蔡维藩教授：个人对于抗战的看法可分几个时期：在抗战以前我估计抗战爆发后，敌人或以单字形或以十字形大举进

攻。这个形势是又可喜又可忧。可喜者是我国领土既偏于西北和西南几省，人民更遭遇着侵略者的残杀经历了许多痛苦，大家能彻底觉悟起来，重建新中国。可忧者是战局是这么惨淡，由于人口的死亡和财产的损失太多，或将造成畏缩的心理。国际也许观望妥协，让日本独占中国；也许造成瓜分的局面，亦未可料。这是抗战爆发以前的估计，战争既已爆发，本人原有的观望心理，就变为积极，坚决主张抗战到底，以求彻底决解。因为抗战多一日可使中国多一分进步。目前的抗战形势固无可喜，但亦无可忧。两年来的经验告诉我们，日本大胜，中国灭亡的可能太小，简直没有。中国胜利，或由列强干涉而结束战事都有可能。所以本人一想起抗战以后的问题，不禁万分惶恐。为什么？因为此次战争结束后，早则五年，迟则十年，至迟不过二十年二次中日战争必要爆发。其时日本的准备必更充实，而我们的准备呢；我们在这次抗战中的进步是不可否认的。但在停战之后，进步也许会停滞，消费大大增加，这是不能不使我惶恐的理由。所以大家都应当抱定决心，将一生献给国家，这一个抗战建国的伟大工作，是要从艰难困苦中奋斗成功的，决不能有丝毫苟安的心理。

南宁战争的经过与影响

主席："感谢蔡先生的指教。现在我们开始讨论战局，这里有两个目细，先从第一个'南宁战事的经过与影响'讨论起，请发言。”

第一位：“敌人这次进攻南宁的原因，可以分军事，政治，精神，外交四方面来说。军事的失利：敌人在湘北失败，山西屡次遭受打击，广东方面又毫无进展，他为了企图以广西战局打开僵局，故由龙门登陆，进占南宁。其实他明知在广西作战，天时地利都予他不利，他也只得冒险作孤注一掷之计。就我看来，他可能由南宁攻桂林衡阳，来截断我们的国际路线。政治的失利：敌人想以广西战事的扩大宣传来摇动人心，和配合着军事进攻，制造种种离奇的谣言，来挑拨我国内的摩擦分裂。精神的失利：敌两年余的侵战，劳师无功，故军中有厌战反战的空气，国内人民对军部失去信仰，故以南宁战局来刺激其国内心理。外交的失利：轴心国同盟瓦解后，敌外交到处碰壁，占南宁后，因与安南缅甸印度较近，又逼英法跟他妥协。”

第二位：“敌占南宁经过不容易知道真相。大致情形是这样：上月十五日龙门港登陆后，即占钦防，其进展神速，仅一日即夺南宁（二十六日）。此次南宁失守的情形和去年广州相似。我们所得的教训是虽说防务疏息，但主要的还在产生汉奸，足资我们的警惕。至于弃守南宁后的影响，对我方面，一是威胁英法逼其妥协，二是刺激敌国致闷的人民。对内方面，一是国际交通线被截断军需来源减少四分之一（因我国运输共四条），二是我大后方即失二分之一，因滇黔都成前方，只有西北可称后方了。”

第三位："敌人占领南宁，是可喜的。因为他将发生如下的影响：第一、由于敌人进攻的急迫，可以刺激我政治上的进步，加紧建设后方交通；第二、使后方民众心理紧张，醉生梦死的人，也不得不振作精神；第三、敌人以大量军力冒犯桂，是'狗急跳墙'之计，其结果必加速其崩溃。"

第四位："汉奸报《南华日报》已传入昆明，足见汉奸问题相当严重，请同学们注意。"

第五位："听了几位同学的话，我以为对于南宁战事，应当以动态来观察，即目前南宁战事尚在进行中，并没有结束，南宁战事是敌人大举进攻的一环，受我方痛击后，在军事上采'相机进攻'的策略。他的目的已如方才几位说过，但是否真能达到目的，可以说很少，甚至没有可能。如果敌人继续冒险，我们必将造成同湘北一样的大胜利。"

第六位："所谓国际路线被截断的问题，不至如他们说的严重。钦防对外贸易，未来是很重要的，但自敌占涠洲岛后，他的重要性早已大为减低了。"

第七位："广西的民团是全国的模范，此次放弃南宁，毋宁是'诱敌深入'。"

第八位："敌人冒犯桂的原因，可以从国际对远东的态度上来看：自欧战以来，英法在远东方面即表示让步；美国虽在口头强硬，但决不会采取实际行动，苏联因有事于西欧，未免牵制了她对远东的注意力。敌寇以为机不可失，乃在龙门登陆，竟至直捣南宁。"

第九位："南宁战局演进中，汉奸问题最使我们痛心。但目前除汉奸问题外，民族问题更值得我们注意，因为西南是少数民族聚居之处，为了防御敌寇的阴谋，我们要请本省政府和党部，赶速派知识分子分赴各县宣传，巩固各民族的团结。"

主席："刚才已有九位同学发言，因为时间有限，这一个细目就算结束。综合各位同学的意见，我们所得的结论是：敌人进攻南宁的原因：1. 军事，政治，精神，外交上的失利；2. 利用汉奸；3. 利用国际变化；4. 我方疏于防范。可能发生的影响；1. 逼迫英法妥协；2. 敌变我后方为前方；3. 截断我西南国际交通线；4. 振作我国民气。现在请进行讨论第二个细目。"

今后战局发展的趋势

第一位："当前战局的特点：敌人在全面的战略进攻已不可能，但战役上攻占大城市是可能的，我方全面的战略反攻尚不可能，战役的反攻是可能的，故今后战局的具体形势。是这样的：1. 敌以轰炸政策动摇我人心；2. 继续'扫荡'游击队；3. 继续战役进攻，配合其政治进攻。由此知敌占南宁后，军事影响较小，政治影响较大。今后桂南战局的发展趋势，可推测如下：1. 向北进攻桂林，不可能；2. 向西进攻云南，也不可能了。会合广东敌军巩固珠江三角洲，这是最可能的趋势。"

主席："现在王信忠先生已经到了，因为有事要早退，现在就请王信忠先生指导。"

王信忠教授："今天来晚了没有听到前面几位同学的意见，很觉遗憾。关于敌人攻占南宁的原因影响以及趋势，就我几天所见的日本报纸上的意见报告诸位：敌自阿部组阁就决定了三大方针来结束中国事件。1. 政治攻势——成立伪中央政权；2. 外交攻势——"协和攻势"即缓和远东各国与日对立的形势；3. 军事的相机进攻，分三派。第一派主张从山西攻西安，汉中直下四川，第二派主张由中路攻宜昌，第三派主张由华南北海登陆。以上都是急进派的主张。缓和派暂缓进攻，先肃清游击队。折衷派则主张前线相机进攻，后方肃清游击队，结果折衷派占优势。目前政治上是加速建立伪中央政权；精神是缓和湖北失败之耻；外交的关键是在美国，不在英法，而且威胁英法，亦无需占南宁，故外交的原因不是主要的。至于对我影响：1. 封锁我全部海岸线；2. 断我军火来源；3. 可遥应湖北战线拊我长沙之背；4. 可使我内部动摇分子抬头。至于今后趋势，有四种可能：1. 以南宁一带为根据地随时威胁西南；2. 向东北趋柳州桂林，以拊湖北之背；3. 由武鸣攻贵阳；4. 向西趋百色，四种可能以第一个较大。

选自《战时知识》一九三九年十二月三十日第二卷第十二期

// 统一与抗战建国

——西南联大八大学生团体联合座谈会纪录

痴萍　记录

时间：一月二十一日晚。地点：联大昆北南食堂。

主席：李定一　纪录：痴萍

主席致开会辞（略）

一、何谓统一

阮隽钊：我愿意先来说几句话作为本会的开场白，我觉得统一不是同一，同一太定泛不可捉摸，统一不是联合，联合是两个单位间如两国或两团体间的关系，统一至少不须要做到军令的一致和政令的一致……

关 君：对于刚才同学所说的统一的意义，我很赞同，不过我有一点意见要贡献大家，我以为军令和法令的统一，并不就是政党的统一，也就是说统一并不是只容许一个政党存在。

唐培源：统一不包括政党的统一，我以为是对的，不过政党虽然可以不统一，但却不能超出国家的范围，它应该受政府的约束，收受政府的法令，因为政府是国家权力的代表。

汪昌祚：上列诸君所说的并没有将统一的意义指明，我对于统一的意义分二方面说，横的方面讲，是有一律的组织，纵的方面讲，是有一贯的命令。统一并不是专制或者独裁，一个国家的统一是政府的命令能自上贯下通行全国，政府以下的各地方组织又能一律，没有奇奇怪怪的现象存在。

李耀先：我们讨论问题，有二点必须注意，一是正名实，例如统一是代表国家之所以为国家，不统一根本不成其为国家，如果够得上称国家，那末它必须具有军令的统一和政令的统一……一是明层次，任何事物的形成，都有它的历程，必定要先经过前一阶级，然后方能达到后一阶级，例如，民主必须在统一之后才能实行，如果统一还未实现（国且不国），就无从谈民主。

孙润生：一个国家发展到某一阶级，自然会有统一形式的出现（否则此国家尚在变动不定中），欲求统一的实现必定先要有统一的意念，统一的意念是要互相调和互相一致的，不是互相冲突和分裂，这是一个基本的条件和意念。

方志懋：现在我来做个结论：一、统一不是同一，同一且不可能（例如亚里大多德论证）。所以统一不限于只有一个政党，但是各政党务须不违反国家民族的利益，如果违反国家民族的利益，那就是叛徒。二、统一是国家成立的必要条件，一个国家只有一个主权，决不能有二个主权，这是历史上的铁则。三、民族须以统一作基础，否则便成暴民政治。四、邦联或联合的本身不是国家，所以统一不是邦联或联合……统一是国家主权归一的意思。

二、统一对于抗战建国的重要性

尹 君：统一的意义既已明白，那末对于抗战的重要性也可明白了。菲希特说，国家是个有机体，是不可分割的……所以一国家也须有一个中心思想，指导全国，并且必须全国统一，然后才能收指臂之效……否则一定要混乱无疑，法国就这样的失败了，我们应当接受这一个历史的教训。

余瑞麟：今天我们说的应该站在国民的立场，就国家讲它的本身就含有组织的意义，无论实行那种制度的国家，它的主权和法令总是统一的，如果这一点都不能做到，国内秩序，就无法维持，分裂只是帝国主义者宰割和灭亡别国的毒计，……

周基堃：我以为上列所述的未及要点，就抗战方面说，我们现在的目的是争取最后的胜利，如此军事必须有整个的计划，其他种种法令，都不过是辅军事的进行而已，在今日无论什么人都应该顾念整个的军事计划，服从整个的命令。

李耀先：统一很重要，其重要性好像健康之于身体一样，患病时才觉到康健的重要，……十年来国内对于统一的呼声已很高涨，事实也已有良好的进步，试想昔年西安事变如果不能妥善解决，现在会成个什么体态。又抗战以来，如李服膺韩复渠石友三以及叶挺等如果不得合法处置，我们现在又会成何体态，所以我们应当力助政府完成统一。

方志懋：前年看到毛泽东先生的文章，谈到中国近十余年来的统一问题，毛先生也似乎颇慨乎言之，并说今日国共合作，又掀起了光荣的抗战……是知毛先生对于统一的重要也本甚了解的。……不过我今天要提醒一切的中国人，就是今天我们要用铁血来卫国，对外流血抗战以御外寇，对内以铁血的纪律来肃清内奸！

黄季仁：我所讲的是统一对于建国的重要，建国必须要用人才，人才的培养须赖于教育，而教育又须有整个的方针和计划，这又非统一不可有，统一才有完整的教育方针和计划，才能为国家造就人才，来共同建设新的国家。

三、目前统一之现实情形

李其泰：前年有人在山西当游击队员时，山西有些县分，一县有三个县长，各施号令，征收税赋，苦煞了老百姓……

唐培源：我所报告的关于广西的，在长沙大火之后，湘北形势，万分吃紧，那时候广西南宁已失，省中防务又不甚充实，桂林岌岌可危，但桂省府仍命大军开衡阳上前线，直到长沙稳定后，才再回桂，按当时情形广西的军队宜可先保卫家乡，并且广西在以前不是也与中央有隔阂的吗，然而广西竟能先公而后私，这种情形是值得我们欣慰的。

杜显孔：这是我所见闻的实情，自从晋南失守，山西的情形便一天天恶化了，今日某一方成立了一个组织，明天另一方又来破坏了，一般情形乱七八糟。有些比较好的地方反而没有人住，因为军队打扰太多的缘故。军队呢，名目繁多，什么决死队啦，友队啦？但大都并不打仗的，只图扩大队伍，占据地盘，军事不能协同进行，以致日寇来了，无法驱御。卫立煌将军所能指挥的，也不过是晋南某些部队，晋东晋西便不行了。所以我只听到中条山胜利的消息，而这胜利也终不能扩大，……并且反而有些忠勇的民团，倒被其他军队解决，调查结果，知道是某路军的特务队和游击队的所为，种种情形实使人闻而心寒。

曹震书：在抗战初期山东的知识青年及教育界人士纷纷起纠集民众，游击日寇……

四、如何完成统一

丁名楠：对于上面许多同学所说的国家必须要统一，这是没有问题的，所以关于如何完成统一的问题，我有二点意见：第一，军队必须国有，从历史看来，私人有军队，如湘军淮军以及民初军阀，总是容易误国的。第二，开放政权，例如选贤与能不能专限于一党一派。

李　鹏：现在我有几点也许不很对的意见提出来和大家商谈，并且还要举一个例来，第一：中国现在成问题的不是在抗战方面，抗战是一定会得到胜利的，而是在民族领袖方面，一个民族须要有一个超然而贤明的领袖来领导它。第二，如真有这样的领袖，那末他一会不能某一党或某一派中产生出来的，他当是全国民众培养而成的，其次还有几点是：一，对于统一的态度应该是公平，不要戴了着色眼镜，不要专门着眼于一些什么主义大纲方略之类的东西，……二，有病不要讳医，例如现在游击队的磨擦问题，为什么秘而不宣呢？三，我想借用潘光旦先生一句话，潘先生说治理好比治家，我以为很对的，为家长的应该能为家庭及子孙作深远计，要能平等和诚坦的待遇家里的人，否则下辈似因不平而积怨，甚至于出岔子，也是难于专责一方了。四，为什么联大现在没有校际间的磨擦呢，因为“联”字号多，他们的意见发生了力量，所以我们对于国家也要大家尽力去监督它。

于鸿图：对于统一的重要性，没有人能够否认的，但是现在我们国家，确是还没有统一，要知道中国现在不是超然在世界以外，这是在对外的抗战中，政府对于国家，固然负有重大的责任，而我们都是国民的一分子，也都应负一分责任。我们应该设法帮助政府，完成统一和致力于抗战才是。

李声庭：刚才有同学提起用家庭方法来处理国事……我觉

得家庭方法是有时而穷的，因为家庭问题只用恩，但是如果弟弟杀死了哥哥，怎么办呢？……所以治国家不能尽用恩，不能不用法。尤其是在国家多难的时候，我希望政府能够执法如山，军令尤其要绝对服从（否则不能作战），凡是违反法令的人，一律无赦，不论他是韩复渠、石友三……

朱碧口：我对于盲目的跟从有些怀疑，现在的汉奸周佛海，他便说过服从要服从到盲目的程度；其次筑五道防线巴围边区到底是什么意思呢，还有我们不应该专爱小团体，应该爱大团体……

殷福生：……（略）

王 君：上面所说的难免太远了，李君说要有民意的领袖，我以为仅有领袖还是不够的，我对于如何统一分治标和治事二方面说。治标：第一是军权的统一，打开中国史来看，政治上的不统一即因为军事的不统一。第二军队固有（当前问题则为军权归一），私人有军队，总是容易误国的，如民初的军阀等。第三是建立吏治制度，此制不建立，则组织无法健全，政令无法通行尤当注意用人，应能选贤与能。治本：第一开放言论自由，我们现在是有言论的自由的，有些地方则没有，应一律才好。第二唤醒全国人民，共同来建设新国家。

李耀先：……对于如何统一问题，不仅只有理想，还要有事实上的方法，这个方法便是我们自身做起，我们要有清醒的头脑，能够辨别是非，我们自己的清醒了还不算，还要清醒他人的头脑，唤醒他人，共同来造成一种正确的有力量的舆论，督促统一完成，政府不对，我们应当建议。……

主席宣告散会。

选自《云南青年》一九四一年第二卷第二期

// 西南联大的学生活动

韩 非

西南联大是北大、清华、南开三大学合并组成的，这三校是战前北方的大学，所以西南联大仍保有着原来三校的校风，那就是：生活上——活泼紧张，思想上——民主精神，学习上——自由研究。但这并不是说在所选的课程上，在考试的制度上是松的，却相反是很认真，很紧张，学生在看参考书，做报告，画图等繁重的压力下，得用去大部分的时间，他们只能拿出一小部分时间来做“课外的”活动。

一、组 织

在联大，一个学生团体最初开始组织成的时候，是非常简单而容易的。他们只要有一部分人觉得“志同道合”，有共同学习或活动的必要的时候，就可写一张“成立宣言”的布告，贴在一堵学生布告处的泥墙上，然后再到训导处登记，那么这个团体就算是“成立”起来了，也就是“合法”的了。各团体征求会员的办法也是张贴一张布告，公开征求同学自由参加。联大的学生团体是难以计算的，这些团体在组织上大部的共同点是一个社长或主席，或数个常务干事为首，下分总务（或文书、会计），学术（或研究），社会服务，康乐等股。当然有的为了工作的性质不同，组织是另有特点的。现在为明白计将团体分类的列举在下面：

A. 全体性的

一、学生自治会——西南联大学生自治会　工学院自治会　师范学院自治会

二、各学系学会共廿余个　如算学会

三、各学系级会　如教育系一九四三级级会

B. 自由组合的

一、属于一般性质的　群社　明社　三民主义青年团第十分团　南针社　女同学会

二、属于研究特殊范围事物的　时事研究会　社会研究会　国语研究会　孙文主义研究会（三青团办）　励学经济研究会　俄文学会　木刻研究会

三、属于文艺的　冬青文艺社　边风文艺社

四、属于戏剧的　联大剧团　青年剧团（三青团办）　青鸟剧团（着重英文剧）　戏剧研究社　国剧研究社　星火剧团

五、属于歌咏的　联大歌咏团　群声歌咏团（群社办）师范学院歌咏团

六、属于宗教的　联大基督教团契

七、带有封建意味的　各省市或某地区范围同乡会及某校同学会等

八、属于体育的　铁马体育会　各种球队

在自由组合的各团体中包括的人数有的多到二三百人，有的少到十几个人，有的组织很复杂，有的几位见面一谈就算开了全体大会，在这里我们可以说：联大是庞大的，复杂的，散漫的；联大学生团体的组织也是庞大的，复杂的，散漫的。

二、活　动

A. 团体活动的经费来源　抗战以来，由于多数学生变成无家可归的人，经济无人供给，衣服，书籍文具，饭费，日常消费都成为他们生活上最严重的问题。他们有的在机关商店服务，有的做家庭教师，有的出卖一部分劳力来换取一点费用。他们生活虽苦，可是苦寒正刺激了，鼓励了他们更高的学习热力。他们为了支持自己的学习团体，除了缴会费捐款外还极力向外募捐，大多数的团体的经常费就建筑在这上面。但事实究竟说明了他们的力量是微弱的，经费的拮据，生活的逼迫，功课的繁重，在在都限制了他们的活动不得不从事在极经济简单的事实上。

B. 团体活动的一斑　为了清楚的说明活动的情形，现在分条作综合叙述：

一、演讲　学术或时事演讲是联大学生活动中最经常最活跃最经济而且是最有益的一种学习方针，差不多每个团体都时常有这种性质的演讲举行。学生们在课本中、参考书中钻的太久了，头昏了，他们在思想上，在研究的问题上，在急变的国内国际问题上，都有许多不能解决的问题。他们所请的演讲者大半是本校的教授或住昆明的学者。另外每逢知名的学者，文化人路过昆明的时候，都万难逃脱了他们的邀请。每逢国际问题上，中国政治上有了一个可惊的动态，都会有几个团体举行各方面不同意见的公开演讲。在联大，“演讲会”成了一种“风”，整个联大学生在“听讲热”中是忙碌的。有时同日晚上会有两三处，主讲者有时会说：“诸同学觉得没兴趣的话，请各方便，反正还有唱对台戏的。”演讲完了，大多留些时间给听的人随便发问。在联大的范围内：演讲者有说的自由，听讲者有问的自由的。

二、壁报　壁报是联大学生对现实生活，对国内国际现势，对抗战中一切问题，革命理论问题，各派思想问题，研究，反映的结晶。大多数的壁报都是整齐的，艺术的，按卷期的张贴在校内或校外（街头壁报）的墙上，现在将较主要的列举在下面：

1. 群声——群社研究组编，讨论时事，革命理论，青年思想的问题。

2. 大家看——群社编，街头壁报。

3. 读书与阅报——群社读书会编，阅读报告，批评与介绍。

4. 热风——“鲁迅式”的刺讽文，小型刊，只有编者并无团体。

5. 腊月——联大最老资格壁报，讨论一般问题，只有编者，无团体。

6. 青年——三青团编，讨论政治及青年思想问题。

7. 街头壁报——三青团编。

8. 社会——社会学会编，社会调查，统计，及社会思想问题。

9. 微言——一般问题，只有编者无团体。

10. 冬青——手抄本文艺半月刊，冬青文艺社编。

11. 街头诗页——冬青文艺社编。

12. 边风——文艺性质，边风文艺社编。

13. 教育——教育问题，教育学会编。

14. 引擎——一般问题，工学院学生会编。

15. 工院壁报——体育问题，铁马体育会编。

16. 史地半月刊——史地学会编。

17. 鹰——英文壁报，英文学会编。

18. 学风——一般问题，只有编者无团体。

19. 木铎——妇女问题，一部分女同学编。

20. 南针——一般问题，南针社编。

21. 青鸟——戏剧理论及创作，青鸟剧团编。

22. 俄文学会壁报——俄文作品及翻译。

23. 大学评论——一般问题，只有编者无团体。

24. 星火——青年问题，先修班编。

这些壁报是不能按期贴出的，各壁报的言论有时曾为了某种问题引起满墙的激烈的，有力的，新颖的笔战，使人感觉新鲜活泼的气息，可惜风雨一来，这些壁报的颜色与墨迹都随之而去了，只好等着再看下一期。

三、社会服务　西南联大的学生与全国各大学的学生一样，有一部分是由于自己的父亲能够供给一点金钱，便在后方都市里过着金迷纸醉的生活。他们嫌学校宿舍与伙食太坏，自己在外租房自办伙食。他们很少读书只是携爱人看电影。另有一部分是沉醉在学院式的风味里，终日埋在书里的，天塌地陷像是都与他们无关。在他们，不是认为做抗战的后方服务是多事，就是认为太浪费时间。然而多数同学是万不会如此想的，多数同学还不能放弃他们的责任，他们做了：

a. 协助地方宣传　暑假中在学生自治会与各自由团体联合下，动员了半数以上的同学组成五六队，到附近五十里以内的乡村作扩大兵役宣传并慰问抗属。方式是调查，慰问，演剧，帮助地方办理民教等，前后计两星期。

b. 民众夜校与街头壁报　民校有两个，一个是群社与基督教团契合办的，一个是师范学院学生自治会办的。街头壁报有群社主编的《大家看》；冬青文艺社的《街头诗页》，三青团的《街头壁报》。

c. 义卖与公演募捐　为了各种献金，前方将士医药费，学生救济金等，联大自治会、群社、三青团、北平八校校友会、南开同学会、联大剧团、联大歌咏团、青年剧团、戏剧研究社都曾联合或分别举行义卖献金，公演音乐或话剧献金。由于昆明是一个后方非常繁荣的都市，是一个国际交通线的非常关切的枢纽，商贾云集，游资充斥，所以在每一次义卖或公演上都能得到很好的成绩。这是用了辛辛苦苦的精心构作换来的。先后演过的剧本有《祖国》《夜未央》《前夜》《阿Q正传》等。

d. 空袭救护与施放米粥　这是最近才有的事。由学生自治会，三青团，群社等分别主办空袭掘发队，救护队，担架队等，并已募捐煮米粥施与被灾平民。

四、集体学习　认真的集体学习的团体有群社研究组与群社读书会，研究组分为文艺、大一英文、哲学、政治、经济、物理、社会科学、历史八小组，读书会每两周开会一次，有读书报告，时事讨论会与专题辩论等。另外值得提及的是：

a. 五四座谈会　去年五四的晚上曾由西南联大学生为主干，发起昆明各大中学校联合五四座谈会，开昆明学生运动空前的新纪录，当时到会的大多为各大学学生，按照预定大纲热烈的，广泛的，毫无忌讳的讨论了五四运动的意义，史的发展与现阶段青年运动的诸问题，这次座谈会的举行，无疑地是利用了最好的时机，将一个学生区域内的学生关系联络的较为密切起来，这种校际的学生活动，就是整个学生运动的基础力量。

b. 宪政问题座谈会　这是联大群社、明社、南针社、时事研究会、女同学会五团体为了公开交换关于宪政的问题意见，在去年七月里举行的，并请了几位教授参加指导。问题是依照讨论大纲开诚公布辩论的，这是建立正确理论，消除疑忌的最好的办法。

五、体育与娱乐　在联大关于身体上的活动是非常可怜的，除了一些特别欢喜打球的同学组成的球队有时作友谊的比赛以及联大、航校、同济、云大四校作过几次校际球类比赛外，另外再看不见什么，这一方面因为事忙，一方面也因为缺少适当的运动场所原因。娱乐方面各团体单位的活动有晚会、月亮会、划船、游泳、旅行等等。再就是各剧团逢纪念日或特殊集会时，公演话剧给全校同学看，但这方面也因为学校没有一所适当的会场，所以非常不便。

三、尾　声

联大的学生活动是活跃的，自由的。它像一团盛开的牡丹，有一股丰馥的芳香；它像一间浴池，有一股灼热的气氛包围着你。然而，它又是极其复杂，无系统的，它是整个中国学生运动的缩影，它象征着中国青年运动的过去，它所有的病态，也就是今日中国青年运动的病态，这些病态就是：

A. 他们的团结不够　虽然中国已经抗战三年之久，虽然青年自己应该做全国人的榜样，但由于种种客观上的原因，就使整个中国青年运动直到现在还没有形成有力的大团结，在联大小范围也是这样，各个团体的活动是很难联络，甚至有互相攻击猜忌与谩骂的行为。

B. 他们的理论认识不够　由于团结的不够就形成散漫分裂，使整个工作没计划没系统，由于理论的认识不够，就形成活动上的形式主义，虚无主义，风头主义。多少下乡宣传的，只是说："宣传过了。"对于所生的效果与反映是不去思索的。有些是只凭热情冲动与一时感触的，这就是有始无终，很少积极性与持久性。

C. 他们的实践不够　有些人抱着学生活动的消遣主义。好些善演话剧的同学自己在台上是一个非常标准的革命青年，而他的私生活却很倒退，浪漫。有些往往劝别人刻苦，勤俭，自己却反而浪费，享乐。公演时每日卖上两千元，而台前台后的消耗就要用去四五百，这是他们认错了一个目标，他们把"服务"当作了"消遣"的副产品。宪政问题座谈会开过了就是开过了，自己并不再求深一步的认识与争取民主政治的实现。

西南联大是中国青年运动的摇篮，我们希望它充分发挥它过去的光荣，担任起它的责任来！

选自《新华日报》一九四一年一月五日

// 西南联合大学学生生活纪实

山 蒂

学校的成立

中国对日抗战开始以后，在北平以文法学院著称全国的国立北京大学，以理工学院著称全国的国立清华大学及在天津以商学院著称全国的私立南开大学，就奉政府当局的命令向南迁移，在长沙成立国立临时大学。随后因为南京的失陷，日军渐渐向武汉进攻，学校当局为一劳永逸起见，议定再由长沙向西迁到昆明。当时的舆论界及一部分同学都不以为然，请学校当局收回成命。他们的口号是“反对逃难式的教育！”但是学校当局仍没有顾及一班的舆论而决定迁移。当时因为由东部各省到西部去逃难旅客的拥挤，和同学人数的太多，找大汽车是很极困难的，于是学校当局便规定同学必须步行到目的地。因为长沙到昆明太远，需要一笔很大的路费。所以当时除一部分有钱的同学和女同学不愿受步行的劳苦，自费由长沙乘火车经广州到香港，再经过安南到昆明以外，（他们以后很难请得教育部的贷金。）其余的同学都作了一千多公里的长途步行者，看见了中国许多风俗气候不同的乡村和城市。（其中一位爱好文艺者，以这次不平凡的旅行作题材，在香港《大公报》上，发表了一篇连载的游记，因此一跃而为新进作家。）

当同学们带着一身的疲劳到达昆明，他们才发现学校的名字又改了国立西南联合大学。校舍是租着本地几个因为避免轰炸已经迁移到乡下的公立中等学校的房屋。宿舍与教室彼此隔离很远，极不方便。幸而房屋还好，设备也因为那时滇越铁路通车的缘故，相当完善，加以又没有时局紧张及轰炸的顾虑，所以到昆明的前两年可说是平稳地在进行校务。

两年以后，以前租房子的契约都满期了。因为两年以来昆明并没有被炸，所以本地各中等学校都要搬回昆明，而向我们学校要房子。为了这，我们学校就在昆明城外，建筑了许多只要用四五年的房子，每一栋很小，像兵营一样排列得整整齐齐。在防空上讲起来，这种显明庞大的目标，极有被炸的可能的。而我们同学一千多人，现在就在这样一些极危险的房屋里。

学校的现况

这大学既是由以前各有一二院著称全国的三个历史悠久的大学联合而成的，所以取其长去其短的结果，使现在它的每一院在全国讲起来都是要数一数二的。尤其是教授，以前三校中稍微差一点的教授，学校都没有聘，现在在校的都是学问渊博，在国内极有名声的大学者。他们的生活标准比较战前大大的降低了，但是他们仍然很安心很耐苦的在为国家卓育青年，而绝不跳出教育的圈外，去寻求他们与战前一样的舒适的生活。战前他们的薪水是二三百元一月，现在货币价值减低了五六倍，而他们还是二三百元一月，所以生活标准也就随着减低了五六倍。有一个教授，在学校初搬到昆明来的时候，他的房东因为听说他有二三百元一月，非常羡慕他，钦佩他。过了二年多，货币价值减低了五六倍，他听说他的薪水仍只有二三百元一月，同时见他的生活标准已大不如前了，不觉对他说："我从前羡慕你，钦佩你，现在我却可怜你，同情你了。"

谈到学校的组织，现在是无所谓校长的。由以前三位校长成为一个常务委员会，三位校长便是常务委员，是学校的最高权力者。除开其中南开大学的校长张伯苓先生现在重庆任国民参政会的副议长外，其余北京大学校长蒋梦麟先生，清华大学校长梅贻琦先生都在昆明经常办理校务。常务委员会以下，也和其他大学一样有教务长，总务长和其他委员会。此外还有一个教授会，权利相当大，常务委员会通过的议案，不经过教授会议通过是不能实行的，这也许是和其他大学不同的地方。譬如以前几次常务委员会议决学校迁四川或西康，但因为教授会议没有通过而没有实行。

当你看到我们同学的学号时，你也许会发生惊异，就是在每个学号的前面都有一个字，或是“联”，或是“P”，或是“T”，或是“N”。这是因为原来三校联合为一，而不是合并为一的，所以原来三校的同学仍然是原来学校的学生。联合以后招收的同学才是西南联大的学生。就是毕业发文凭的时候，原来三校的同学仍是发原来学校的文凭，西南联大的同学则发西南联大的文凭。所以在学号上也必须加以分别。“联”字代表西南联大的同学，“P”字是代表北京大学的同学，“T”字代表清华大学的同学，“N”字代表南开大学的同学。现在，以前三校的同学只留有一班，这一班毕业以后，则所有的同学都是西南联大的了。

同学的生活

首先得承认因为抗战和物价的高涨，我们的生活，在物质上是极苦极苦的。虽然如此，我们仍毫没有消极的意识。相反的，我们是无时无刻不对恶劣的物质环境奋斗。所以，精神上总是愉快的，尤其当前线战事的胜利消息传来以后，我们更欢喜得忘记任何的痛苦。

我们学校现在有文、理、法、商、工、师范五院。同学一共三千余，来自全国各行省，最多的是江苏、广东、湖南三省的人。家庭在游击战区内的大约占三分之一。一般同学的经济状况都很困难，所以除开在寒暑假中有许多同学到机关及公司里去服务外，在上课的期间内也有许多同学担任私人的家庭教师，及中学教师。他们原来在学校里的功课本已很忙了，再加上在外面的教课，那就更忙。但他们只能这样让繁忙整个的占住他们大学里的黄金生活。

当你进到我们这学校，你会发现我们同学衣服的穿得不好。我们的衣服常常有破了一两个洞的，或者烂了的衣服把它补好，再烂了又再补。不但材料的好坏和式样适宜与否是在所不计的，就是在我们箱子里能穿的衣服也是很有限的。所以我们穿的衣服也各种各样的都有，有穿中山服的，有穿老式长袍的，有穿茄克 Jacket 的，也有穿西服的。同时我们穿的鞋子虽然以皮鞋为最多，但多半是质料很坏，并且常是补了又补的。同时因为袜子价钱贵和洗涤的麻烦，一半同学是赤着脚穿在皮鞋里的。

在雨天，学校里的路被泥水厚厚的铺着，走起来很容易溜滑跌倒，还有许多没有皮鞋的同学，只穿着胶底鞋在泥水里走，困难的情形更可以想见。至于伞则价钱涨了十倍，纸伞现在四五元一把，布伞十几元一把，于是苦力们戴的斗笠便在我们许多人的头上出现了。

因为有时同学没有钱用，出卖衣服，日用品和书籍甚至包饭的天数的事情就运应发生了。同时又有许多人需要的东西，昆明没有卖，或者想以廉价买东西的也可以征求。于是，在墙壁的每个角落，甚至在同学们时常经过的街上，便满有着这种“廉让”和“征求”的条子。上面写着新度，价格和接洽地点。还有些同学因为怕难为情和避免麻烦，也把要卖的东西寄到校警室寄卖。校警便把它陈列在房子里，好像商店里陈列商品一样。

我们的膳食是由同学自己推举委员组织膳食委员会而办理的，食堂和厨房则由学校供给。采买监厨都由同学担任。为着恐怕同学一时没有一个月的膳费，所以膳食的期间是十天一届，现在是七块钱十天。在昆明，政府当局专门预备一种所谓“公米”卖给各公共团体，价钱比所谓“私米”便宜，我们便买着这样的吃。这种米有时是红米，很糙，沙子和糠很多。初来吃的人也许吃不惯，但是我们却习惯了。有时饭显得不够，同学便争先的去抢饭，抢着的心里便很愉快，没有抢着而身上又没有钱的，便只得扎紧裤带挨饿。菜也相当坏，仅仅在十天的最后一天，因为膳费剩下很多，这一天我们才有两顿比较丰富的菜吃。

我们的功课是非常紧张的，读书的风气很浓厚，因为这样，我们校内外的活动就减少了不少。教授们的考试很多，有的甚至每星期考一次。分子也打得很严，有时学年分数给你五十九点五分，你便得在下年度重新读一遍，而毫无通融。（联大是没有不及格可以补考的。）教授们指定的参考书，必须去看。但这些书都买不着，只有图书馆里有，所以必须尽早到图书馆去抢领。而图书馆的座位因为太少，也是要去抢着占座的。

教室里的座位都是椅子，右边有一块板子，以便写笔记和放书。若是遇着必修课程，一班常有二三百人，而教室位子有限，也必须抢着占座。有时同学常在头一天晚上拿本不要紧的小书或杂志去占座，以便第二天上课；若是第二天占座的书被人丢开了，那就只得站着听讲和记笔记了。

因为敌机的狂炸昆明，我们的上课时间不得不更改到早晨七时到十时，下午三时到六时。每一堂课的时间也缩短到四十分钟，中间休息五分钟。这五分钟实在是不够的，因为两个教室间的距离常常要走十几分钟才得到，而我们便只得在下课以后快跑到另一个教室去。

警报一响，我们便绝不迟疑，但也并不慌张的从各个教室跑出到学校后面的山上去躲避。但这时我们最大的问题除开担心目标很显著的校舍及舍内行李的被炸以外，便是食的问题了。早晨我们只吃得一两碗不经饱的稀饭，而一放警报便是四点钟以上，甚至八点钟。我们不得不在野外吃点东西，但一吃便非八角一元不可。若是每月只放十次警报，这意外的开支就叫我们担负不起了。

去年十月十三日我们的师范学院被炸了，大小炸弹一共中了一二十个，房屋炸毁了一半以上，男同学的宿舍也完全被毁了，同学的被褥衣服和书籍也炸得七零八落的。以后幸有学校及学生救济委员会发给同学的津贴，他们的生活才安定下来。

在我们学校里，男女同学的界限观念是相当开放的。学校也没有对这种界限加划分。因此男女同学间谈恋爱是非常自由的。而恋爱有圆满的结果的也很不少，这你可以在学校附近的湖堤上发现他们很甜蜜的散步。但是因为恋爱免不掉要多用钱，而在这物价已高过以前五六倍的时候，对于恋爱，同学们不得不稍加戒心。因此同学中恋爱的占全体同学的百分数是很小的。

同学的团体活动

我们学校同学的团体很多，兹将它们的大概情形及工作分述如下：

三民主义青年团联大分团——这是一个规模相当宏大的一般性质的团体，拥有的人数最多。它的工作很能得到社会一班的好评。例如九月十三日的被炸，学校附近民家损失很大，于是它就发动一角钱施米济灾的运动。在其他街市的住户及本校同学中募得许多钱去救济因被炸而受了损失的同胞。此外在重要的纪念日常有团员下乡宣传，唤起民众对日仇恨的心理不少。在同学需要整个的由宿舍搬到另一个宿舍的时候，它便雇许多马车为同学们免费代运行李，这也给与同学的方便不少。此外它还有一个青年合作社，用很便宜的价格出售食品和点心，因为离城相当远，有这样一个合作社，便减少同学很多麻烦。许多爱好话剧的团员还组织了一个话剧团体，叫联大青年剧团。成立还不久，为前方将士募寒衣正式的上演过一次，博得社会的好评不少。它又出版一个《青年》壁报，是校内从不脱期出版的一个。可惜这个团体太偏重在团员的训练，而不太注重多与同学接触。

群社——也和上述的团体一样是一个一般性质的团体，社员也相当多。成立得很久，时常设法与同学接触。它举办的事情，同学都可以自由参加。例如时常聘校内校外的知名人士来作各种公开讲演。举行社员对各方面问题的辩论会，举行郊外名胜的团体旅行，当月亮正圆的时候，他们便举行月亮会，举行各种游艺。他们也出了一个壁报名叫《群声》，内容相当丰富，且从不脱期出版。他们成立了一个群声歌咏团，按期练习国内外的有战斗性的名歌。又成立了戏剧研究社，研究话剧的各种问题，但是没有上过台。

联大基督教团契——这是校内基督教徒组织的团体，人数大约有七八十个。所做的工作除开研究基督教的各种问题和举行基督教的各种节的仪式外，还和群社及女同学会合办了一个民众夜校，招收教育程度很低的民众给与以读书的机会。除不收学费外，还免费发给书籍。

南针社——这是一个研究社会科学的团体，所做的工作除社员按期开研究会外，并常聘请名人举行公开演讲。出版一种壁报，叫做《南针》，以讨论各种社会科学的问题。并时常和《群声》壁报发生辩论的笔战。

明社——明社是历史社会系的许多同学组织的，所做的工作也是出版壁报和请名人作公开演讲。壁报的意见是与《南针》壁报站在同一立场的。

腊月文艺社——这是我们学校历史最久的一个文艺社。社员相当多，对国内著名报纸的文艺副刊投稿的很多。经常出版一种内容极其丰富的壁报。内容是文艺批评和创作各半，多为反映现实的。

冬青文艺社——这文艺社是后起之秀，除时常聘请在昆明的国内著名的文学家公开演讲外，还出了一本《冬青》月刊，是抄写装订好后放在文法学院的阅览室内，以供同学阅览的。此外又出了一种每星期出版一次的街头诗页，贴在学校附近的街上。内容非常通俗，普通民众都能看懂。看的人也很多。

边风文艺社——这是许多爱好文艺的女同学组织的，出有一种名叫《边风》的壁报，内容很新颖，似乎带点唯美的色彩。

热风社——这是一个专门出版壁报的团体，壁报中彩色的图画和文字各占一半，都是以滑稽的笔调来讽刺校内校外所发生的大事。

联大剧团——这剧团当学校还在长沙时就已经成立。每个团员对话剧都很有经验，话剧都演得非常好。他们离开长沙到昆明时是沿着各大城市演戏的，每一场都能满座。在昆明也正式上演过许多次，都是为国家募捐的，成绩都非常好，每次募的款由一千元至三四千元不等。他们都完全捐与国家。此外有几个团员还帮助昆明的黔滇绥靖公署和国内第一流的话剧员演过两句戏，结果轰动了全国的话剧界。

青鸟剧团——这个剧团是本校外国语文系爱好戏剧的同学

组织的，成立还不久，只在校内演过一句英语剧，剧名为《锁了的箱子》(Locked Box)。成绩非常好，他们都能操着很流利的英语。

以上所说各种团体，除开各省各县的同乡会，及各中学各学系的同学会入会有所限制以外，同学都可以自由参加。团体与团体间虽然在各方面有时意见不一致，但大都能够和睦相处，保持着自由民主研究的精神。有时在各种国家的纪念日，节日或者为欢送毕业同学欢迎新同学，常常有几个团体联合举行游艺会给同学看，当在戏院票价很贵的时候，给与同学娱乐的机会，对同学的精神方面是帮助不小的。

选自《中国青年》一九四一年第四卷第三期

// 介绍联大青年剧社

佚　名

组织及人选——（组织）正副社长各一，下级总务部（包括文书，宣传，事务）及剧务部（设干事三人）。

（职员）正社长池嘉善，副社长殷达；总务傅承炽，文书沈琪，事务唐培源，宣传关声溢（女）；剧务李其泰，干事张抱真（女）、陈誉。

（社员）钱重慈（女），张锡芝，徐台铨，冯德福（女），马玉珍（女），赵元锐，王钊鑫，汪曾祺，邵士斌，黄澂，陈道毅，李国璋。

（导师）孙毓棠，傅锡永。

历次公演概况——第一次在校内欢送毕业同学（五月内）公演独幕剧《同胞姊妹》；第二次在校内为五团体联欢，公演独幕剧《良辰吉日》；第三次，为响应七七献金在昆公演阳翰笙著四幕剧《前夜》。

器材——道具系临时向外商借；布景有硬片十余张，为公演《前夜》时所制；化装用油彩购备不多，服装，灯光都于演剧时向外临时商借。

经费——经常费每月三十元，中央团部每月补助三十元。

选自《青年戏剧通讯》一九四一年第十四至十五期合刊

// 从壁报中看联大

伶

◇经过沉寂的日子后，这学期开始不久即出现了好几种壁报。壁报上最引人注目的是贴满了“贱卖”“征求”“找寻”“启事”的广告栏。

◇《联风》是旧有的，现在出到第十期，内容重趣味，每期都有漫画，多是描写同学生活情形的，很活泼，编排得也渐渐新颖起来。

◇《耕耘》是新出的，半月一期，本学期已经出到第三期了。内容多是生活问题的检讨和对学校方面的许多必要的建议，提出了大多数同学的要求。每期还有三分之一的篇幅的文艺。

◇《游华》这小刊物虽然在形式上似乎很糟，但内容却多是锋锐的杂文，反映出这些日子的沉闷和不甘寂寞，反对消沉的呼喊。最近一期有一篇《北大二三事》，描写以前北大的自由研究、言论、出壁报、组织讨论会……等情形，同学看了骤然有今昔之感。

这小刊物只出了一期，贴了两天便被撕去，现在仍不见第二期出来！

◇《文艺》是纯文艺的，小说有《玩桥戏的人》，颇为精彩，诗如《暴风雨的前头》也还好，另外尚有评论等作品。不过挂了二天便收去，过了二天又挂出来，加了许多补钉，上面声明是放在训导处给耗子咬坏了的。

◇现在壁报虽然不多，不过，代替了以前的“广告”，使同学像在荒原里看到了野草，沙漠里找到甘泉一样的感到需要。壁报的内容中心几乎都提出怎样运用个人的力量在这消沉的空气中坚持的生活下去，放出一点光，发出一些热，把这环境弄出点生气来。

◇这些壁报另一个特色是大家都提出了自治会的组织问题。这几千人的大团体，在过去几个学期中每次的代表大会都因到不足人数而流产，现在大家都感到有这组织的必要。梅校委也在第一次课点名时要同学健全自治会的组织，可是同学都似乎鼓不起劲来，许多同学都抱了“不管事”的态度。

◇自《联华》壁报被撕以后，各壁报的编者多在编后声明，“本壁报所用笔名及作者名单，均送存训导处，希同学加意爱护……”等按语。

◇《冬青文艺》一度停滞，现又纪念成立四周年公开征求社友，想扩大组织，使爱好文艺的同学们有机会在一起学习，写作。

◇联大山海云剧社为建设中学筹款演出曹禺改编的《家》，成绩还好，只是票价起码五十元，同学都很少有机会去看。

十月十二日寄

选自《新华日报》一九四三年十月二十四日

// 耒会小史

马愚蕙

成立日期民国念四年十月，共计三十八人，直至北平失守前，人数并无增减，至念六年十一月学校在长沙复课，多数耒友均自沦陷区逃出，只有贾隆武，柴景昭，宋鸣虒三位因特殊关系未能复学，故在长沙时仍有三十五人。但相聚未久，多数同学鉴于国家之需要，纷起从军，到工兵学校者，有郑芳，郑学燧，张慕凯，丁鹤年，罗绍志，卞又新六人，到山西参加游击队者，有魏兆麟，李鼎声二人，吕明羲君参加河北游击队，刘汉民君转入中央大学高级机械班，故念七年八月在昆毕业时，仅余耒友念五人，毕业后，服务于滇缅铁路者七人，叙昆铁路者八人，在湘桂铁路者二人，在水利机关二人，在建筑公司三人，在卫生机关一人，留校一人。念八年罗绍志君因病自湖南返校，念九年吕明羲君亦在河北返校，故耒会级友又增至念七人，现下服务于天成路者二人，机场工程处者八人，在公路局者三人，在水力机关者四人，在航委会一人，在建筑公司者六人，出国留学一人，在印度一人，近况不详一人。此外长沙离校同学中郑学燧被遣出国，张慕凯，卞又新二人仍留工兵学校，郑芳君在湖南任教职，丁鹤年君在贵州公路服务，李鼎声君去山西后无消息，魏兆麟君于三年前有信来云任山西辽县县长。此外更有不幸消息一则于四年前传出，虽不能十分确定，但亦无法证明其为虚传，即宋鸣虎君在河南与山西交界处于游击战时殉国，此项消息传来之后，虽曾设法探询，但均不能得要领，是谨将不可靠之消息报知，希望它是误传。

选自《国立清华大学土木工程学会会刊》一九四四年第六期

// 桂会小史及近况

栋 年

母校土木系自七级起，每级级会都有一特殊名字，如毛，未，染，耒，桂，桔，沫等，都是将级次合土木两字拼合而成，其中最恰当者，莫如我们桂会的“桂”。

桂会成立于中秋节，桂花开放的时候，一面吃着月饼，一面欣赏庭前的桂花，从此桂会的名字渐为师友们所熟悉。

清华园里住了两年，暑假和耒会同学共组测量队去济宁作大地测量实习，测量队规模之宏大，组织之完备，为以前各届实习所未有。出发时，耒，桂诸友无一不兴高采烈，此为得到一些宝贵的经验后，顺路还可以游孔林，登泰山。不料事与愿违，正在测得起劲的时候，卢沟桥一声炮响，把所有计划打得粉碎，弄得大家有家不得归。

长沙半年，一切在风雨飘摇中，桂友们饱尝漂泊的滋味，学校搬家，旅途三月，更经历了不少艰辛；到昆明后，一切比较安定，桂友们又得安心攻读。这时他系他级的同学有的直接参与战时工作，有的还在沦陷区里，没有出来，独我桂友因了济宁测量始终追随学校未离，所以大多数的人，都在念八年秋季结束了他们的学业。

综观我桂会诸友，在校四年的特点无他，“平淡无奇”四字可以包括。各项运动选手中极少桂友的踪迹，会场中侃侃发言更不是桂友们的擅长。既无出类拔萃的天才家，也无逊人一筹的低能儿，从未标新立异，更不故弄玄虚，大家都平心静气朴朴实实地度过四年的大学生活。

光阴似驰，转瞬间桂友们离校已是第五个年头，五年来国家社会都有过很大的变迁，桂友们的动态自然也跟着起了不少的变化。前几年，叙昆滇缅两条铁路大举兴工，多数桂友都在这两条路上服务。这两年，随着时势的变迁，桂友们多又集中于重庆、昆明等几个大都市，从事于机场，水利，建筑，卫生等各种工作。至于留在母校任教的最多时，共有两人，现在仍然继续作研究工作的只有去英国留学的成芸西小姐一人。最近桂友们的职业上有一个很显著的变化，就是弃仕就商的人日益增多，一方面固然由于生活的重压，另一方面恐怕也是潮流之使然吧！

母校土木工程学会嘱报告桂会沿革及近况，以琐事匆忙未能叙述详尽，觉得万分抱愧。

最后谨代表我桂会同学敬祝诸师友　康健！

选自《国立清华大学土木工程学会会刊》一九四四年第六期

// 桔会近况

式 德

桔会是十二级系友的会名，细看桔字，便可认识，一九三六年秋在清华园成立时，会友约有四十人，当年屡次集会，以无限制的糖果和冰淇淋相佐，盛极一时。抗战以来，会友散落各地，景况比较沉寂，到现在统计一下，在长沙临大或在昆明联大复学而毕业的已有三十二人。此外有四人仍从事于抗战工作，另有八九人被隔在沦陷区，久无音信。已毕业的诸会友现在的职业情形如下：

在铁路上服务的八人，从事建筑工作的六人，在飞机场方面服务的六人，水利机关内四人，桥梁设计方面一人，卫生工作方面一人，从事教育的二人，赴英美深造的三人。

桔会会友，大多数已经毕业三年有半，在此期间，我们曾出过一次通讯，全体集会，虽不可能，惟会友偶然相逢，却感到无限的友爱之乐。谈到母校，尤不胜向往之情。

选自《国立清华大学土木工程学会会刊》一九四四年第六期

// 沫会小史

佚　名

拜别母校，至今才两年半，两年来每当我走倦了而停辔回顾时，常因为依恋惋惜而幻觉往事已逝甚久，但在这种感情之后，又知道自己不过是刚开始学习生活，“往事”是值得珍爱回想的，同时也是使人们继续奋勉以创造“将来”的，小小如一个蜜蜂，它自己记忆中的春天必定是十分美丽，而且希望着再寻到春天，但这记忆与希望都是它自己的，别人不能了解，沫会过去的一段小史便是这样，我不能多说，也不会描写，倘如我絮絮地说个不停，读者能不厌倦吗？

沫会是民国三十年的毕业班，沫友共三十一人，一小部分是七七事变后在汉口招考的十三级同学，大部分是母校迁滇后，由各地来复学和转学的。二十七年的秋天，在拓东路二七八号宿舍里，土木系二年级的学生共有四十余人，经过了那个冬天我们才渐渐互相熟识。二年级的生活是平静的，留下来较深的印象只有汪一彪师的力学小考和张豫生师的测量实习。

二十八年的暑假来了，在学校规定的暑期测量实习以前，我们有许多服务机会，如东郊白龙潭校舍测量，螳螂川水电厂公路测量，可保村，阳宗海测量等等，使我们很生动有兴趣的渡过这个夏天。

经过了各样不同的暑期生活后，我们重聚首于三年级的课堂。昆明的秋天是晴朗的，我们的生活日益融洽，于是正式组织级会与篮球队。"土三篮球队"在那时四出寻对手挑战，而且战无不克，惹得工学院各班群起争雄，造成高涨的体育风气。

到了廿九年暑假时，许多工矿机关来邀我们测量路线，以致所有的同学在大考之后席不暇暖便分途束装出发，而半数以上的人是一直工作到四年级秋季开学后，才能坚谢主人们的挽留，赶回学校。这一个夏天使每个沫友获到很多的测量经验，这些经验的价值不只是运用仪器，而是当自己几个人负责一件工作时所必需的计划，合作，毅力与恒心。

四年级的秋天我们又静坐在图书馆，课堂，与绘图室里，我们知道一年后便将离别母校了，考试不再像二三年级时那样可怕，教授们更显得和蔼而我们也不大推避功课。记得当那个寒假大考之前，我们响应"青年号献机运动"而举行"土四义卖"，使得工学院宿舍中轰动数日，荣获奖誉，并且蒙王龙甫师奖以免高等结构学小考一次。

在这个寒假中组织了“土四同学寒假工程服务社”来共度假期生活。短短的三星期中，我们接受两件委托的工作，作北郊蓝龙潭电工厂的厂房测量和天文定向，然后全体出发测量巫家坝飞机场，云南高原上冬日的阳光温暖而媚人，测量时是轻松爽悦的。每当夕阳西下时我们收拾仪器走向寄宿的苜蓿村，在傍晚的散步中，常有人提议毕业后仍继续这个服务社。

沫会终于毕业了，自从三十年的夏天到现在匆匆地已渡过两年半。沫友的事业都很顺利吗？他们快乐吗？在昆明的沫友们又聚会了吗？当我盼望沫会会刊和他们的信时常这样怀想。使我高兴的是最近来到重庆，又可与篮球队长老戴，服务社长翼寰，以及知行光昌，京祺等聚晤了。

一九四三、十二、十五、于重庆杨家坪

选自《国立清华大学土木工程学会会刊》一九四四年第六期

// 堞会简史

国 周

顾字思意，“堞”字代表“土木卅一”四字，就是土木系一九四二级级会的简称。进一步的意思，“堞”是军事工程与土木的关系，更是不言而寓了。

堞会是在抗战期间长成的，民廿七年（1938）清华、北大、南开三校并成的临时大学由长沙迁徙滇中的昆明，改称西南联大。是年暑假招收第一班学生，土木系有四十余人，那就是堞会基本会员了。所以堞会是清华搬到昆明后的第一班正式土木系毕业生，可算是联字学号的大哥，若按清华旧习编级的话，我们应该是继武汉招进的十三级的靠肩弟弟——十四级，不过名义上我们并没有这个称呼。

堞友共 34 人，有的是在清华民廿五、廿六年入学的老大哥，有的是民廿八年转学联大的同学，其余大部是民廿七年考入联大土木系的基本份子。34 人中除了一位因身体失健暂时休学外，其余皆前后毕业离开母校母系，分头入土木工程界服务，铁路、公路、水利、桥梁、飞机场、市政府卫生处……五花八门各处都分散着堞友，堞友的名单在另页详列。希望前面的老大哥与后来的小弟弟，时常与我们每位堞友保持密切的联系，把“堞”样的堡垒建立起来！

选自《国立清华大学土木工程学会会刊》一九四四年第六期

// 耘会简史

陈本善

我们这一级是教育部第二届统一招生考进的，当时香港尚在英人手中，滇越铁路亦还照常通行，大家所参加考试的地方也不一，有的是近在昆明本校，有的远在四川、湖南，更远的还有在香港上海考的。当时我们所填的志愿进的学校几乎全部把联大放在第一，有人甚至四个志愿全填联大的。教育部发榜了，我们都欣然如愿的来到这个原先便在心头上占着第一位的学校来。初做“新人”，□□□□□时的愉快，是不难想见的！

在做“新人”的那一年还住在大西门外的新校舍，虽然是茅屋叠床可是从没有一个人想到过苦。床位的序列完全由军事教官按到校先后顺次杂排的，并不分系，加以功课上也没有什么特别相同的地方，所以虽说是同校同年并同系的同学，却还很多不相识。间或也有认识了的，但都出于偶然，和认识别系同学一样，所不同的，只是在谈到同系时感觉到更亲切些罢了。

一九四零年暑假后，才都先后的搬到拓东路工学院来，虽说已是二年级，但在工学院说起来依然是“新人”，照样受到许多团体的“迎新”。从这次环境的变易才开始觉得自己是个学工的人。在这里——工学院，好像有个不成文的惯例：宿舍里每学年开始总要举行一次“抽签大典”来决定同学的铺位。这次宿舍分配的方法是以系级为单位的，因此我们得被排在一个足容四十多人的大房间里（也是叠床），更为了测量制图等课程都在一起上，这样使我们有了充分熟识的机会，渐渐的由不相识的许多个人形成了一个活泼而和谐的团体了，虽然当时还没有正式的组织。

到了一九四一年的四月，由于自然的要求，大家一致赞同的组织了级会，情绪十分热烈，每开一次全体大会总要开到十一点钟以后，宿舍里电灯全熄了才“休会”，但继续着的兴奋情绪，往往使大家好些时还睡不着。

级会产生后第一件大事便是组织工程服务社，服务社的目的有二：第一是利用暑期为这抗战的大后方尽一分力，借此把我们所学的几门专门课程——如测量、制图——也作一次实际的应用，第二则是想从工作上得一些求学费用的补助，在艰困抗战的现时代，我们这一群背乡离井，负笈远方的“学子”（在这里的我们，全都是来自战区的“外乡人”），经济来源都是十分困难的，青年人谁也不愿意而且不应当接受人救济的，我们也该“自力求学”，而这个理想终于具体的实现了。这是我们第一次和现实社会接触，大家都有过许多不同的感想，然而在服务社本身总算是功德圆满的，我们曾为某机场测过量，为滇缅铁路和川滇公路制过不少的图表，还有其他各种计算等，虽然没有多大的表现，但也算尽了我们的心了。

秋凉了，同学们又从各处重回学校来，级会的活动也自然地增加了，譬如说：茶话会是常举行的，而最有意思的要算一九四二年元旦所举行的工学院“首创第一”的级运动会了，当时全级级友分为同盟和轴心二队，作田径赛和球类的对抗，这次运动会虽没有锦标的鼓励，但大家都是很兴奋的参加各项运动。

一九四二年夏与一九四四级（现已组成耕会）合组成土木系同学工程服务社，这样的合作增加了我们两级的感情不少，我们还希望永远保持着这一种方式的联系。

同年秋季开学后我们已是四年级，眼见着不久便是分飞的劳燕了，四年同窗是多么不容易的际会，谁能不珍惜这仅有的在一起的日子呢！在开学不久的日子里便连续开了几次全体大会，决议组织了一个毕业纪念刊编辑委员会，以胡福久吴德亨赵璜三级友主其事，为了志永念，还特别到成都定做了一批纪念戒指，图案的决定是采用计分选举法，征得的样子有三十多个，膺选的是本级艺术家黄福增级友的作品，庄严美丽，适与本级精神吻合。同时级会也选定了孙玉祥级友所题“耘”字为会名，取“耘”字左半“耒”表示“土木系”，左面“三”

横和右面的“二”横合起来表示我们毕业的年份——“三十二年”——“厶”则代表联大了。联大校歌有“一成三户”的句子，三角形便表示这“三户成一”的意思。从此我们虽还保留着土木系一九四三级级会的原名，实际上大家都以耘会耘友相称了。

这年的寒假耘会又组织了一个路南旅行团，当时请求加入的“外人”很多，为了使大家玩得痛快些，一共只容纳了四十余人，由总干事姚佐周级友总其事，而由刘德豫级友先行布置，与滇越路局接洽好专车，并设各处食宿招待站，排定旅行日程，……路南为滇中风景名胜之区，每年中外人士游览者极众，尤其石林胜景号称天下第二的是奇观，其他游踪所至有大小叠水（瀑布）尾则长湖古城（夷人称“长塘子”）天生桥，芝云洞，等处。

路南回来后游兴未尽又到黑龙潭野餐一次，一部分耘友更露营潭畔兴至豪也，上课后本级又首创座谈会，每周一次，原来是自由参加的，可是每次到会的人数都有增加，座谈会的意义是在增进大家相互间的认识，交换许多切身问题的意见，每次的会都于上一次会上预选主席一人，并决定一个谈话的中心题目，同时推出二三级友来让大家批评，我们谈过的题目有:《我的家庭》《我的恋爱史》《我理想中的对象》《我的处世和处事的态度》《我的作风》《我的癖好和习惯》……趣味都是极浓的。至于批评，我们着重的在指出各人的缺点，供献改正的方法差不多是劝善规过的意思，但也允许被批评的人作补充和解释。经过这样的批评和解释，我们确实发现许多对朋友误解的地方，也真的增进了大家的感情很多，好些从没有发表过的“私心语”都在这里坦白的陈说了，二三知己的促膝谈心已常视为人生一大快事，何况是二三十人的倾心畅叙呢！

正是大家情感达到最好的时候，我们的毕业期也就近了，正是“没有不散的筵席”，终于在这年的六月底我们这群来自各方的“他乡之客”又重新分向各方去了，在承平的时代少不得先返家省亲，……但现在谁还能再尽这份孝心呢？不到两个月的工夫都各自站在各的工作岗位上了，最远的已到了离迪化不远的酒泉、张掖，也有的去干国防工程或到前线边疆去做抢修工作的，耘会的分子是暂时的散了，但在她的前途说却还刚踏上征程呢！

选自《国立清华大学土木工程学会会刊》一九四四年第六期

// 耕会小史

伯　惠

这是今年寒假才离校的一班。

二年级正式入工学院，一到，三四年级的同学就开了一个迎新会。会间就有同学和教授们提出我们到底算清华还是算联大的问题，结论仿佛是：“对内算清华，对外算联大”。这似乎多少有点骑墙的意思。假如我们算清华，是十六级；算联大，就是三级；从耶稣纪元算起，就是一九四四级；而自己则取名耕会（“耕”，左半为“耒”，算作从“土”从“木”，右半为“井”，算作四个“十”，两个“二”，合起来是“一九四四”的“四十四”）。

起先似乎学校当局打算把学校慢慢移到四川，所以我们在四川南部的叙永入了一年级，后来似乎学校当局又把这个意思打消了，因此二年级时又回到了昆明，一年级时，男同学有二十多个，女同学有四名，准升入二年级者一共只有八人。到了昆明，真入土木系者却只有七人，情形异常悲观，幸好别系转入者很多，有原来学理的，学医的，师范的，学别种工程的，以及复学的，别校转学的，借读的，试读的……等等，乱七八糟倒也凑了二十多个人，不过女同学却到文法学院去了，大家都感觉得异常失望。

各份子不但学历复杂，来历亦然，有当连长的，有作少校政训员的，有作监工的，有作教员的……但是这样多各怀着异样心情的陌生的人，却在课堂上，操场上，野外实习的时候相互认识了，熟习了。到今天，除去一年级时外已经相处了两年半的时间。

尽管教授对我们的考试成绩感觉得怎样的不满意，尽管许多先生总是严厉地责备着训斥着我们，但我们却自己相信我们中的每一个人将来都能实地干出一番不太渺小的事业，我们都充溢着虎虎的年青的热气，我们很幸运我们中间没有一个人是满面病容，没有一个人不是打球的健将，尤其幸运的是没有一个人是书呆子！

但不幸的是我们最后的一学期不能再受亲爱的师长们的教诲了，为了迫切的需要，我们的课业不能不提前半学期结束，而在寒假里即征往同盟军作翻译的工作，我们对于行将从事的伟大的工作，感觉得异常的兴奋。我们很荣幸能够实地参与这为民族争生存的第二次世界大战争，在几年后或者抗战胜利后的某一天，我们全级也许要在某个地方开一个盛大的会，在会里每个人将叙述他所经过的可歌可泣的故事，在会里我们也许要追悼已为国牺牲的某些级友，而现在我们每一个人都有这决心和勇气去作那被追悼的人！

选自《国立清华大学土木工程学会会刊》一九四四年第六期